U0964869

中山出版
ZHONGSHAN PUBLISHING
香山承文脉 好书读百年

Hello，东凤

甘嘉慧　文

朱　蕾　王凯枫　绘

SPM

南方出版传媒

广东人民出版社

·广州·

图书在版编目（CIP）数据

Hello，东风 / 甘嘉慧文；朱蕾、王凯枫绘. —广州：广东人民出版社，2018.5

（“Hello，中山”手绘漫画系列）

ISBN 978-7-218-12452-0

Ⅰ. ①H… Ⅱ. ①甘… ②朱… Ⅲ. ①乡镇—概况—中山—图集 Ⅳ. ①K926.55-64

中国版本图书馆CIP数据核字(2017)第324813号

HELLO, DONG FENG

Hello，东风 甘嘉慧 文 朱 蕾 王凯枫 绘

出 版 人：肖风华

责任编辑：李锐锋
特邀编辑：刘 颖
装帧设计：陈宝玉

统 筹：广东人民出版社中山出版有限公司
执 行：何腾江 吕斯敏
地 址：中山市中山五路1号中山日报社8楼（邮编：528403）
电 话：（0760）89882926 （0760）89882925

出版发行：广东人民出版社
地 址：广州市大沙头四马路10号（邮编：510102）
电 话：（020）83798714（总编室）
传 真：（020）83780199
网 址：http://www.gdpph.com
印 刷：广州市岭美彩印有限公司
开 本：787mm × 1092mm 1/32
印 张：4.625 字 数：68千
版 次：2018年5月第1版 2018年5月第1次印刷
定 价：25.00元

总序 | 写画心中的城

都说现在是一个“看脸”的时代，手绘漫画图书的热销，就是标志之一。“轻阅读”的流行，正是时代发展的产物。与时俱进，我们打造了这套“Hello，中山”手绘漫画系列，一是让年轻人利用自己的地缘优势讲好“中山故事”，传播家乡传统文化；二是给年轻人机会出版作品，毕竟出书是一件严肃又庄重的事情，也是值得一辈子自豪的事情。

“Hello，中山”手绘漫画系列是一套开放式的选题，计划以每年出版一二十种新书的规模，以陆续出版、不断充实、不断丰富的方式，用若干年的时间，打造一套有规模、有品位、有传承力、有影响力的具有中山特色的原创手绘漫画书系。

作为“Hello，中山”手绘漫画系列的策划人，我期待中的这套书不仅是巡礼式地给中山 24 个镇区各出一册，而是 N 册，同时扩充至其他领域，比如老字号、非物质文化遗产等，形成一套三五十册的较大规模、可较长时间立于中山人书架上的系列图书。所以，做好这一套图书，我们将坚持以下几点——

一是充分调动年轻人的积极性，邀请能写能画且熟悉中山的土著的非土著的年轻人加盟。2015 年 7 月出版的《Hello，石岐》作为“Hello，中山”手绘漫画系列的第一本，其作者是当地一所大学的应届毕业生，书稿其实就是两个年轻女孩子的毕业创作作品。在一次展览上，我们看中了书稿，于是拿过来出版。结果出版后，反响很好，于是我们又广罗人才，邀请了更多年轻人参照《Hello，石岐》的模式，给其他镇区画、写，慢慢积累，就有了 2016 年 8 月重磅推出的《Hello，石岐Ⅱ》《Hello，沙溪》《Hello，南朗》《Hello，神湾》等。我们的出发点很明确，就是让中山的年轻人用自己的视角和喜爱的方式来讲述中山的故事，这是一个全新看中山的角度，让他们不囿于传统的模式去审视自己熟悉的地方。年轻人也可以借用这种新的形式来发挥自己的才能。它不仅让中山人认识中山，还让中山人重新探索和思考中山，同时去发现一个不一样的中山。

二是强调了书稿的本土性和原创性。越是民族的，越是世界的。中山是伟人故里，具有 800 多年的历史，人文丰盈、历史深厚、自然优美，可写可画的东西很多。有一句话说，世界不是缺少美，而是缺少发现美的眼睛。“Hello，中山”手绘漫画系列鼓励年轻的画家、作家去发现中山人都未必知道的中山，这激发了年轻人的热情。许多作者反馈回来的信息是，如果不是绘、写自己的家乡，还真不知道自己的家乡有这么美。

三是坚持内容为王。按照目前的出版方向，一是以行政区域为主题，二是选择可入画的中山题材。就拿行政区域这一主题来说，在执行的过程中，很容易做成官方宣传资料，这明显偏离了我们的初衷。凡是将官方资料堆积在书稿里的，我们一律要求作者重新写。要用自己的语言来写自己可亲可爱的家乡。读者之所以喜爱这套图书，主要原因不仅是形式上活泼，还有就是内容上新颖。可读性成为重中之重。

四是安排了得力编辑专心打造。“Hello，中山”手绘漫画系列前期指导作者的工作量超乎想象，原因无外乎：作者都是没有写书、编书、出书的经验，这样或那样的问题，时不时要编辑回答；对家乡的重点历史人文、传统文化等拿捏不准。我们专门安排了两位责任编辑来负责，随时随地指导好这一批年轻作者，以期共同做好这一套书。同时，在排版设计上，紧紧跟随当下畅销书的风向标，大胆启用大腰封，力求与传统的装帧方式有所区别，以更贴近年轻人的心理要求。

五是着重打造品牌效应。一种品牌就是一种无形资产，我们立足中山将近6年时间了，一直强调品牌的影响力，也打造了一批诸如“中山客”“廉洁中山”“故事中山”等品牌图书，得到了读者的普遍认可。我想，品牌代表的是一种不可多得的美誉度、可信度，而这些才是真正的无价之宝。“Hello，中山”手绘漫画系列从一开始的策划就立足于品牌效应了，为此我们专门设计了这套书的Logo、函套，还有手提袋，甚至还有它们的衍生产品——明信片、T恤、茶杯等。目前，这套书的品牌效应慢慢凸显出来了，难能可贵。

出版是个小行业，而且我们是在中山这样的小地方做出版，难度可想而知。但是，文化是个大产业，前景一片光明。我们将按照广东人民出版社中山出版有限公司的出版宗旨——“香山承文脉，好书读百年”，全力把“Hello，中山”手绘漫画系列打造成为品牌图书。

广东人民出版社中山出版有限公司总经理｜何腾江

目　录

此东风非彼东风

此东风非彼东风

以凤示祥是我国自古命名的一个传统，原因在于人们认为凤凰是吉祥之鸟，把凤凰的出现视作祥瑞的征兆。在伟人故里中山市，就有一座以凤命名的城镇，即位于中山北大门的东凤镇。奇妙的是，同在广东省内、位于相隔四百多公里的潮州市潮安区，也有一个叫做“东凤”的城镇，足见“东凤”二字非同一般。

位于潮州市潮安区的东凤镇，是中山近年对口帮扶的地区之一。其自古盛产的芡实远近驰名，一到夏季，放眼望去，大片大片的芡实地青葱翠绿，沁人心脾。

而作为中山市北大门的东凤镇大片地区在元代以前还是汪洋大海，后渐由西江支流冲刷堆积成数个沙洲，清初才逐渐有人在此筑围成居。自 1949 年至 1974 年，东凤先后隶属小榄、南头、黄圃等地。1957 年东凤从南头区分出，取东海、凤仪、凤鸣三乡首字，定名为东凤乡。

1974 年 1 月，东凤公社成立。1983 年，改称东凤区公所。1986 年 12 月，正式定名为东凤镇。如今经由东阜高速出口左转，刻有“东凤镇”三个字的大石头随即映入眼帘。

○ 高速出口

东凤镇总面积 56.24 平方公里，在全市范围内并不能算得上一个大镇，但“麻雀虽小，五脏俱全”。东凤下辖五个社区居委会和九个村委会，分别是东兴社区、东海社区、伯公社区、小沥小区和民乐小区，以及同安村、安乐村、和泰村、穗成村、永益村、吉昌村、东和平村、东罟步村和西罟步村。各村与社区都各具特色，值得一游。

东凤属水网平原地带，地势平坦，辖区内并无山丘，三面被西江容桂水道、小榄水道和鸡鸦水道所围绕，镇内河涌纵横。旧时东凤人都是沿着河涌定居，所以历史上东凤人个个都是划艇好手。在“桑基鱼塘”的时代，无论是运载农具、肥料、鱼虾还是购买生活用品，甚至探亲访友、婚姻嫁娶等，男女老少都以艇代步。这才有了后来的省级非物质文化遗产“东凤五人飞艇赛”。

东凤东与阜沙镇卫民村相连，东北隔鸡鸦水道与黄圃镇、南头镇相望，西南临小榄水道与小榄镇、东升镇相眺，北则与佛山市顺德区桂洲镇为邻，所以过去东凤人还喜欢前往小榄、南头甚至是邻市的容桂等地消费。当然这一消费习惯也与当地便捷的交通密不可分。因为这里除了有 105 国道南北贯穿境内，还有省道 364 横穿东西两翼，使这个版图面积并不大的城镇，可以用四通八达来形容。东兴社区、和泰村及东罟步村至今还保留着独具水乡特色的“渡头”，本地人无论男女老少、刮风下雨都喜欢“搭渡”前往邻近的小榄、南头、东升等地。这与当地沿袭已久的坐船出行习惯是一脉相承的。此外人们还可以通过走水路巧妙避开经常拥堵的沙口大桥和东阜高速。

每天上下班高峰时间，渡头上都挤满了准备搭渡船的乘客。几十年营运下来，物价都上涨十几倍了，可渡船大叔还是坚持每人每趟只收一元，而这一元钱已经包含人们的自行车和摩托车票价了。忙碌了一天后倚在栏杆上等着渡船回家，疲惫的身躯瞬间被眼前的清风绿水所抚慰。几十年里，大叔渡的，或许还有一份守望街坊邻里的情怀吧。

东凤地处“家电黄金走廊”，得天独厚的地理位置使其“小家电”蜚声海内外，因此东凤也成为全国首个“中国小家电专业镇”和“中国小家电产业基地”。1977 年东凤专门打造了一个电子电器商贸城，内设 2000 个铺位，专业经营电子电器产品，是珠三角电子元件及电器原材料采购与流通平台。如今珠三角一带的人家，随手拿起一件家电，就极有可能出自东凤。

近年东凤通过“东凤小家电全球采购基地”认证，形成一批拥有自主品牌、主业突出、竞争力强的领军企业，成为全球最大的电风扇制造基地。在每个炎夏为人们送去阵阵清凉的“美的”电风扇就生产于此。全球最具规模的汽车防盗报警系统、倒车雷达生产基地，中国驰名商标“铁将军”工业园也坐落于此。东凤的小家电产业产值已占全镇工业总量的一半以上。

○ 人们在渡头搭乘渡船

位于西江支流流入中山的最上游，东凤的水质在中山自然是数一数二的，不知东凤人喜好汤水是否也与此有关。当地人爱喝粥，也喜欢吃火锅，也就是我们俗称的“打边炉”。我到这里工作不久后就发现，东凤人不仅喜欢冬天“打边炉”，夏天也打；不仅节假日要打，平常日子也会打。真是想打就打，打得随性。原来过去东凤人大多以打鱼为生，一年到头聚少离多。人们出海回来后把各种新鲜渔获放到清水里一煮，一家人就能围坐在一起美滋滋地吃上一锅，真是简单轻松又鲜美无比。后来随着物资日渐丰富，打边炉的食材也变得越来越丰富多样，现在喜欢吃什么都可以往里放什么。有时我也忍不住会想：如今火得通透，上面火锅下面熬粥的蒸汽锅，灵感是否源自东凤人喜欢边吃粥边打边炉的饮食习惯呢？

○ 打鱼

○ “打边炉”

○ 蒸汽火锅

东凤的特色粥，非“猪肉公”的猪杂粥莫属。中山广播电视台《周末去哪儿》栏目，就曾为大家介绍过。店主自家有养猪场，每天凌晨杀猪后自留新鲜猪杂，清洗后腌制好，再放到用瑶柱、猪骨等材料熬好的粥里，文火熬至鲜浓酥融、色泽鲜亮。看似简单的猪杂粥其实用料上乘，精心熬制，难怪吃起来异常生鲜爽口，感觉比其他地方的粥都稍胜一筹。

○ 猪杂粥

○ “猪肉公”

在东凤工作的这几年，整个城镇面貌日新月异，让人惊叹。滨水公园、文体广场、商业中心等休闲娱乐场所与新地标，都能与周边大城镇相媲美了，东凤人也不再需要到别处才能享受到一流的服务。而这两年摘得的“全国重点镇”“全国文明镇”“国家生态镇”“国家卫生镇”“全国社区教育示范街道（乡镇）”等一个个金灿灿的国字号招牌，更为这只美丽的凤凰再次插上腾飞的翅膀，让人们不得不重新对这个自认为熟识的地方开启全新的认知之旅。

Hello，东凤！

滨水公园扮靓“北大门”

滨水公园扮靓“北大门”

若问东凤人当地有什么好玩的，相信他们定会自豪地介绍两个滨水公园——莺歌咀水文公园与和穗生态园。前者是东凤的“生态之门”，后者则为东凤“跳动的绿肺”。最关键的是，二者都是免费向市民开放，市民无须花钱就可欣赏到如画的生态美景，还常常把周边镇区的街坊们都吸引过来了。

东凤三面被西江容桂水道、小榄水道和鸡鸦水道围绕，拥有总长四十多公里的五乡联围大堤，江岸资源十分丰富。然而大家可能无法想象，这两大建在水道堤岸边上共计一千多亩的公园，昔日曾是杂草丛生的荒芜滩涂。

几年前我刚到东凤工作时，两大公园还只是大片的堤外滩涂地，长满野草、野树，部分被开发成桑基鱼塘使用，这里还有废弃的砖厂和桩厂、堆沙场等，环境恶劣。据说西江洪水暴发时，这两片滩涂地会被全部淹没，根本无法大面积和长期利用。

东凤镇政府借河堤整治的契机，累计投资近亿元，将其打造、整修成群众锻炼休闲的好去处。如今，东凤人周末无须再特地驱车到城区的金钟水库、树木园等地方游玩，在家门口就可以赏鲜花、享清风，信步闲游。这个小镇变得更加宜居。

○ 昔日杂草丛生的荒芜滩涂

“生态之门”

从东凤镇中心出发，沿着东海四路一路驱车，大约 15 分钟便可以到达与顺德区隔江相望的莺哥咀水文公园了。该公园总用地面积约 465 亩，三面环水，遥遥望去，大大的石牌坊仿佛矗立在一大片水波粼粼的湖面上。它地处东海水道、鸡鸦水道和小榄水道交汇点，是西江进入中山境内的首个水文站，每年都为中山防汛工作提供第一手的水文数据。只要刮台风或下暴雨，记者就得第一时间往莺哥咀赶。在这里，记者可以拿到全市防洪抗灾的水情、雨情、汛情、灾情等第一手资料。

偶然的一次机会，我在东凤电视台里翻看资料，发现了一部记录东凤人民抗洪抢险的专题录像《人在堤在，堤固业兴》。1994 年 6 月，东凤遭遇百年一遇的特大洪水，莺哥咀水位最高达 5.38 米（警戒水位

○ 莺哥咀水文公园三面环水

为 3.5 米）。这部录影真实地记录了全镇人民不分昼夜、万众一心奋战在抗洪一线，并成功抵御特大洪水的点点滴滴。望着眼前水清堤阔，村民安居乐业的景象，也就豁然明朗为什么东凤人一定要大力整治堤外滩涂，建设莺哥咀水文公园了。这凝聚了几代东凤水利人智慧和心血的水文公园，不仅美化了周边滨水休闲环境，还实现了防洪水利向景观水利的转变，一举两得，让百姓可以安居乐业。

○ 1994 年 6 月，东凤遭遇特大洪水

○ 军民共同奋战在抗洪一线

○ 莺哥咀水文公园里古色古香的回廊

莺哥咀水文公园以水文文化和水文科普教育为主题，以滨水休闲环境为衬托，设置了错落有致的休闲绿道、观水平台、水文广场、人工小岛等，兼具人文旅游与自然旅游双重特征。

走累了，倚在观水平台上古风古韵的小亭里歇息，不远处便是东凤三防指挥中心。莺歌咀水位站的原址旁，是东凤三防指挥部、水利所、五乡联围工程管理处、水政执法中队等职能部门的办公楼。值班人员热情地向我介绍，这里配置了多台现代化监测传输设备，能对莺歌咀等五乡联围多个重要堤段的围内围外雨情、水情进行全天候监测，为全镇防汛工作提供科学数据。每年 6 月 18 日，是东凤纪念成功抗击百年一遇特大洪水的日子，在东凤工作过的老领导都会特地回到这里，重温抗洪历史，勉励后人永树水患意识。

○ 斜阳里，林荫下的情侣成双对，空旷处老人小孩齐嬉戏。踏着余晖漫步，心头少了白天的浮躁，多了一丝难得的平静

○ 生态园大门处石头上苍劲有力的题字

“跳动的绿肺”

从莺哥咀出发，骑行横穿整个镇区，就可到达直线距离约 10 公里的和穗生态园。生态园的名字，各取邻近村庄“和泰村”与“穗成村”首字合并而成。门口大石头上苍劲有力的“和穗生态园”几个大字，出自“投笔从戎暖天下”的著名书画家、革命前辈欧初之手。

小知识

欧初，南朗左步村人，抗日战争和解放战争期间历任广东人民抗日游击队珠江纵队第一支队长、中共粤桂边地委常委、中国人民解放军粤中纵队副司令员等职。平生致力于提倡中华优秀传统文化，离休后组织社会力量抢救岭南文化，主编《岭南文化丛书》《屈大均全集》等文化、历史文献丛书。

我最喜欢在夏日的清晨或傍晚，约上三五知己，从生态园一期的大石处出发，穿过小树林，绕过大荷塘，倚在造型优美的观景亭里细看小桥流水。说说笑笑，边走边聊，或是一路小跑，一直跑到二期、三期，再从堤岸边慢慢地走回一期。全程不过 40 分钟左右，却与大自然来了个亲密接触，让人心情愉悦，又可以强身健体。

○ 生态园里的亭台楼阁、小桥流水

生态园里绿草如茵，荷香四溢，叽叽喳喳的小鸟们欢快地闹腾着，宽敞的绿道上三三两两的都是前来健身的街坊们。老人在耍太极、练舞蹈、唱粤曲，自娱自乐。另一边，青少年静静在荷塘旁写生，孩子在广场上追逐风筝，摄影爱好者则用相机记录这美好时光。在这里，人们可以暂时远离钢筋水泥，在绿荫下看月升日落，慢享美好时光。

和穗生态园与新沙岛隔岸相望，规划总用地五百多亩，集人文、生态、科教以及“五人飞艇”文化为一体。它共划分为人工湖区、密林观景区、湿地风光区和文化展示休闲区四大功能区块，还是中山每年荷花节的八大赏荷胜地之一。

○ 生态园一角

○ 红莲

○ 中山莲

○ 睡莲

每年七八月，正是荷花盛开的日子。池塘里片片荷叶相接，放眼望去，满目碧绿，中间点缀着朵朵荷花，或粉或白。阵阵荷香随风浮动，沁人心脾。每到此时，我都会挎上相机，到这十余亩荷塘边捕获荷花的倩影。荷花基地占地面积约 2.6 万平方米，共有三个错落有致的荷塘，其中第一期的荷塘最大，拱桥、假山、水杉等人造景也最多。这塘荷花的品种以红莲、睡莲以及本土培育的品种“中山莲”为主，所以荷塘里的荷花以粉色、白色居多。周末的时候经常有人在这垂钓，还有人携亲朋好友一起闲坐在湖边野餐，当然沿湖玩轮滑的、遛狗闲逛的人也不少。

○ 荷塘

荷花又名莲花，东凤结合和穗生态园内的莲花，开展“莲香廉韵”特色廉政文化教育活动，打造了尚廉（谐音“赏莲”）生态文化教育基地。游客们在观赏荷花时，还能感受到园内浓浓的廉政文化氛围。园内共建造了“池、石、廊、林”四个尚廉主题景观，将“赏莲”生态环境和“尚廉”文化氛围有机融合在一起，寓廉于莲，意义深远。

东凤五人飞艇赛被誉为“水上马拉松”，一直深受珠三角群众的喜爱，至今在东凤已举办了 19 届，并于 2012 年正式入选为广东省第四批非物质文化遗产。和穗生态园是五人飞艇赛的永久性比赛场地，也是传承基地。每年农历十月前后，如果到生态园游玩，还有机会观赏五人飞艇赛的壮观场面。比赛当天，东凤的父老乡亲都会早早地“担凳仔，霸头位”，就连邻近地区如顺德、江门，乃至港澳的飞艇迷们

○ 五人飞艇赛

都会慕名而来，一起为运动健儿们摇旗呐喊，擂鼓助威。整个水道内百舸争流，热闹非凡，场面火爆震撼。有了这个永久性的比赛场地，东凤人民对传承和保护这项省级非物质文化遗产的热情更加高涨。

一直以来，东凤给人的印象都是“经济强镇”“工业重镇”，但2016年东凤镇作为中山唯一代表，被评为广东省森林小镇示范镇。数据显示，东凤的国土面积5504.6公顷，全镇森林面积竟有882.26公顷，森林覆盖率达16.03%；而绿化覆盖面积1827.53公顷，绿化覆盖率33.2%。东凤也由此多了一张名片——广东省森林小镇示范镇。

平时，我喜欢绕到堤边走，河风轻轻吹拂着脸庞，两岸不断变换的美景则在身后不断掠过，倍感惬意。据说在做好、做活江岸秀美“水文章”的同时，东凤还有一个“十里江岸”计划，即以莺哥咀水文公园及和穗生态园为基点，逐步将环镇大堤堤面由6米拓宽至11米，形成35公里的环镇大道，并以此为纽带连接两大滨水公园，形成“十里江岸”亲水休闲景观带。在不久的将来，东凤水景交融的本土水乡风貌能更美、更好地呈现于大家眼前。

交　通

1. 自驾市民可经广珠西线，从阜沙出口下高速，再沿东阜路、迎阳路驱车约20分钟可到达。

2. 镇内居民则可乘坐321路公交车到和穗生态园站下车。

智能化的小家电

智能化的小家电

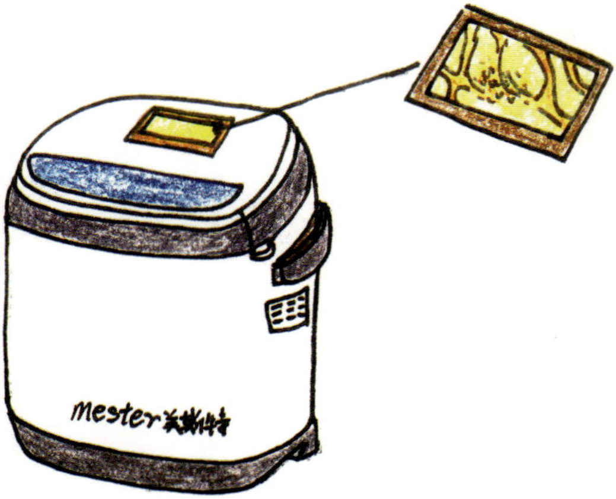

东凤因小家电产业集聚而闻名，是全国首个小家电产业基地，而随着近年智能家电浪潮的进一步推进，智能化逐渐成为东凤小家电新品的一大亮点。如今在东凤，除了可以看到各式各样让人眼花缭乱的小家电，一些智能新品更是让人大开眼界。东凤正用科技悄悄地改变着人们的生活。

○ 东凤电子电器商贸城

会自己做饭的电饭煲

都说民以食为天，一天辛苦工作后，如果家里已做好热气腾腾的饭菜等着你，任谁都会感到满满的幸福。但这对刚出来打拼的年轻人来说，并不太可能实现。于是，“专注做好煲”的广东伊莱特电器有限公司研发出全球首款 Wifi 双引擎电饭煲，从此完全颠覆了我们对传统电饭煲的认识。

朋友茂哥是个厨房新手，上班时间吃饭堂，周末基本都要靠外卖。但毕竟外卖常吃无益，所以这款电饭煲刚上市时他就一口气买了三个，一个自己用，另外两个送给家里亲戚。自从买了它，茂哥把小日子过得红红火火。我们都很好奇，这电饭煲有这么好用吗？终于在一次聚餐上，我们看到了他家的这个“烹饪大师”——黑色的外壳镶嵌着金色边框，中间有一个醒目的 LED 触摸显示屏。打开煲盖，内胆也是我们普通电饭煲用的铝合金材料。外观与我们用的普通电饭煲并无不同。

知道我们的疑惑，茂哥不慌不忙地为我们介绍。这款 Wifi 双引擎电饭煲新品是内有乾坤的，亮点就在于智能和分享。它的电路板里已经设定好程序，只要下载好应用程序（App）、连接 Wifi，就可以用手机控制电饭煲，选择自己喜欢的菜式和烹饪方式，电饭煲就可以自己做饭。如果有自己特别喜欢的食谱，还可以把它上传到官方网站里，和其他智能煲用户一起分享，这样就把我们平时枯燥的煮饭生活变成一种可以分享的乐趣了。

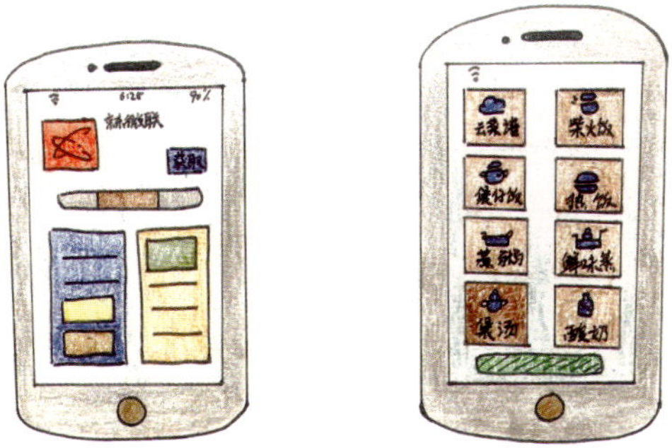

○ 手机控制电饭煲

听罢，我们都觉得不可思议，如今的电饭煲都可以设计得如此人性化吗？我顺手拿起说明书研读一番。Wifi 智能煲的功能确实多，一个电饭煲就可以实现煮饭、煮粥和煮汤等多种模式的自由切换，根据个人的烹饪习惯和食材特点选择具体的操作方式，还可以轻松烹饪 200—300 道菜。在伊莱特公司的官网上，我还看到了由星级厨师制作的菜谱专栏。只要用手机下载智能煲的关联应用程序，就可以在家做出像星级酒店厨师出品的佳肴了，厨房新手摇身一变，成为烹饪大师。

这边还在捣鼓研究电饭煲的功能，那边茂哥已经把早准备好的鸡肉、枸杞等食材全部倒入电饭煲里，然后拿起手机粗略浏览了下菜谱，选定后便招呼我们到客厅喝茶去了。过了半个多小时，正当我们聊得尽兴时，厨房开始飘来阵阵浓郁的鸡汤香味，惹得大伙纷纷起身跑到厨房，围在电饭煲旁虎视眈眈。茂哥在众人的注目下得意地把煲盖揭开，顿时香气四溢，扑鼻而来。嘴馋的小伙伴赶紧拿来筷子夹起鸡肉，也顾不上烫，直往嘴里送，边吃还边不忘称赞："很嫩，很香，确实好吃哦！"茂哥此时把手一挥："汤底熬好了，咱们打边炉去喽！"

○ 食材下锅，选定菜谱

○ “我跟你说哦……”
○ “哈哈哈哈……”

○ “好香啊！”
○ “哇！”

○ “好好吃！”
○ “是吧。”

能陪你唱歌的热水器

在寒冷的冬天，回到家舒舒服服地洗上个热水澡，既暖身又暖心。但很多人在洗澡的时候，只能听到单调枯燥的“哗哗”流水声。如果随手播放几首自己喜欢的歌曲，整个人都会变得放松。如今市面上绝大部分的音乐播放器是不防水的，自然不能带进浴室。我尝试过带着防水的运动耳机洗澡，浑身不自在，感觉非常别扭。

最近认识的朋友小颖，声音很好听，但性格比较腼腆。每次聚会的时候她都不轻易亮嗓，而是选择在一旁静静聆听，偶尔上台亮相却总是“一鸣惊人”。我们都觉得很奇怪：这人平时也不见得有机会练习，唱歌怎么这么好听呢？于是有一次我忍不住悄悄问她：

小颖提到的这款会唱歌的热水器，原来是广东格美淇电器有限公司最新研发的一款智能新品 T/S 系列。小颖告诉我，别小看这个看似平淡无奇的“大水桶”，它除了运用双核二代加热技术，拥有即开即洗、快速高效、无须等待等优势，解决了过去苦等热水的困扰；还自带音乐播放功能，操作起来非常简单方便。不少音乐爱好者都反馈说，这是他们洗澡时最好的伴侣。

我：“不担心漏电吗？”

颖：“这个问题其实也是用户最关心的问题，所以这款智能热水器里我们植入了高防水等级的 USB 插口和 SD 卡槽，全面防水，不怕漏电。”

我：“那能播放什么音乐呢？”

颖：“目前支持 MP3、WMA 等主流音乐的高品质播放格式，而且内置 Wifi 集成智能模块。我们只要连接网络，就可通过手机、平板等智能终端设备对热水器进行控制，譬如相关数据的交互传输、蓝牙音乐的选曲播放和音量调节等，还可以控制热水器的开关。”

我：“我们洗澡时的水声不小，不会影响音量吗？而且我们洗澡的时间也不短，存储容量够大吗？”

颖：“所以我们这款热水器内置的是立体扬声器啊，不用担心洗澡时的水流声会淹没音乐，而且通过无线遥控，即可随意选歌。音量共 12 段，可随意调节。至于你关心的容量问题，我们的热水器存储卡有 32G 的大容量，所以里面可以存储多达 10000 首歌曲呢。”

热水器在日常生活中并不起眼，却是我们的必需品。一边舒服地洗着热水澡，一边听着自己喜欢的歌曲，浴室瞬间变成 KTV，随点随唱，随兴又舒心。看来，我们与专业歌手之间差的只是一台每天能陪自己唱歌的热水器啊。

○ 一边舒服地洗着热水澡，一边尽兴地演唱着自己喜欢的歌曲

蒸烤多功能馒头面包一体机

身边很多朋友是土生土长的南方人，但还是有些人喜欢吃馒头等北方面点，甚至自己动手包饺子、做面条。可怜我平时在家做个饭都已觉得困难，如果还要自己动手发酵、擀面、捏造型、烘烤等，那还是乖乖地去附近的店里买来吃吧。制作面点还需要一大堆像擀面棍、烤箱、焗炉等可能我们自己都分不清楚的专业工具，真是光想想都觉得头晕。

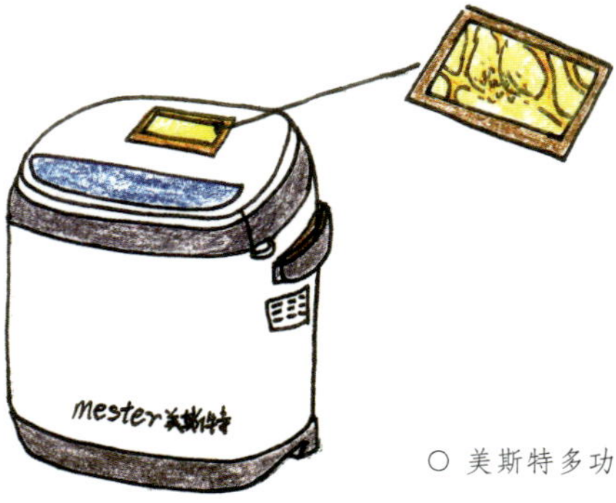

○ 美斯特多功能馒头面包一体机

但有需求就会有市场，广东美斯特实业有限公司推出了全自动多功能馒头面包一体机系列产品。简单来说就是既蒸得了馒头又烤得了面包，还有和面功能，能帮你揉出各种面团来做面条和饺子等，一键即可满足人们品尝各类新鲜美味面点的愿望。

在3·28招商引资洽谈会上的美斯特专柜，烘焙的香气弥漫飘散，不少参展商纷纷闻香而来。我也赶紧凑个热闹，尝尝刚出锅的面包。一口下去，松软可口，还有拉丝。我忍不住又从第二个锅里拿起一块，发现两个面包的口感不一样，第二个更加松软香甜。同样的锅还能做出不一样的面包吗？

○ 3·28招商引资洽谈会上的美斯特专柜

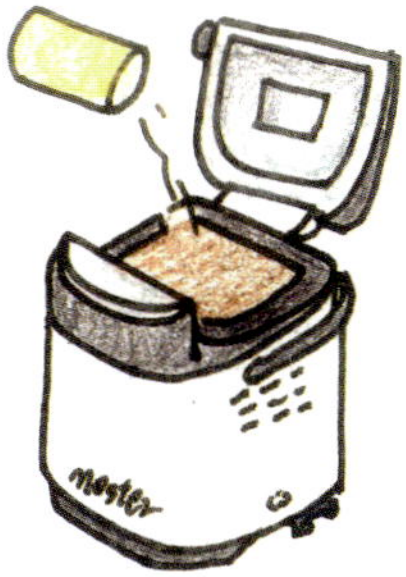

○ 加适量水

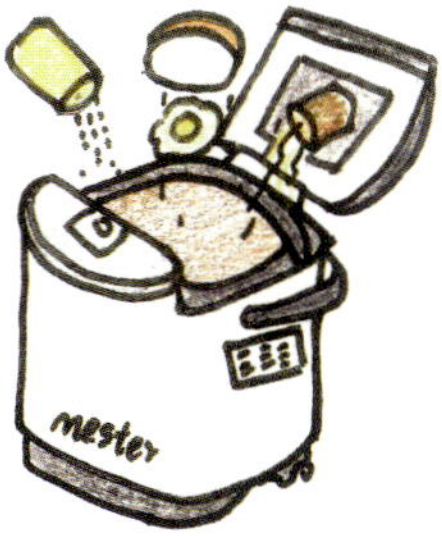

○ 加入油、盐、糖、鸡蛋、面粉等

○ 选择功能选项

○ 馒头出锅

专柜的工作人员告诉我，他们的馒头面包一体机有三种烧色，分别为浅色、中色和深色。浅色的松软，中色的香甜，而深色的香脆，用户可以根据自己的喜好选择。也就是说，即使是用同样的食材，我们也可以选择不同的火候，面包的口感也会有所不同。

一款型号为 MST-BM201 的美斯特馒头面包一体机，有一个超大的观察窗口，可以实时观察到里头面点的制作过程。一体机兼具蒸馒头、烤面包与和面三大功能，选项下还细分了十一项，如蒸馒头分为精蒸馒头、荞麦馒头、紫薯馒头和玉米馒头四大类。烤面包一项里细分为全麦面包、美式面包、欧式面包和黄油面包四大类。最后的和面一项也分为和面、发面团和糯米团三项。

现场工作人员正在演示做馒头的步骤。他依次往锅里放入水、植物油、盐、糖、鸡蛋、面粉和酵母等食材，然后在馒头功能选项里选择了精蒸馒头，盖上盖子，按下开关，机器就开始自动工作了。工作人员还介绍，一体机还有长时间预约功能。如果早上起床就想吃到新鲜的面点，只要在睡前将食材放入一体机里，然后选择菜单进行预约，第二天早上 7 点左右面包就做好了。面包做好后会自动进入一小时保温程序，锁住营养的同时也能保证我们起床吃的时候还热气腾腾的。

如果家里有这样一台馒头面包一体机，就能同时满足爱吃馒头的老人和爱吃面包的孩子。周末偶尔一家老小一起用和好的面包饺子、擀面条，来个家庭活动日也是其乐融融。

永益那支百年老艇

永益那支百年老艇

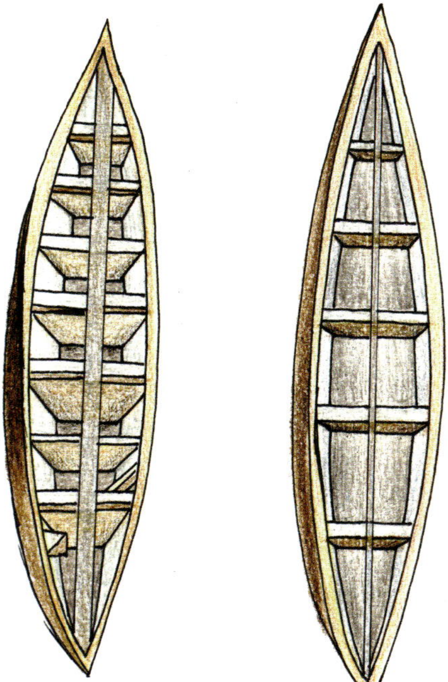

盛夏的午后，宁静的永益涌又热闹起来了。“一二一，一二一……”在教练的指导下，十几名小队员正在岸边，跟着口号挥桨，认真练习着扒艇动作。不一会儿又全部上到艇里，来个你追我赶的来回友谊赛，比得不亦乐乎。上前一打听，原来是今年的“五人飞艇·薪火相传”项目开班了，小队员们在教练的带领下逐渐把生疏了一个冬天的扒艇动作重新捡回来。乡亲们在树下纳凉，边摇扇边说笑，还不时对小队员们的一两个动作进行场外指导。

○ 队员们在练习扒艇动作

○ 热心的场外指导

卢裕祥是“五人飞艇·薪火相传”项目总教练，是位六十多岁的老爷爷，很慈祥。他告诉我，东凤五人飞艇赛规定五人，必须都是男性。而五个参赛选手的分工为：“头工”“二带桡”“淋头”“戽水”和“舦工”。

“头工”，坐在艇头，负责整支艇的带桡、指挥，其落桡的疏密直接影响赛艇的方向，起到“把头”的作用。

“二带桡”，坐在赛艇第二位，主要负责协助“头工”把握赛艇的前进方向。

“淋头”， 坐在赛艇第三位，其职责是埋头落桡划艇，务求使赛艇快速前进。

“戽水”，坐在赛艇第四位，除了负责将艇舱内的积水不断戽干以减轻艇身重量，还要同时参与划艇。

“舦工”，坐在赛艇第五位，起“舵手”作用，主要负责船身转弯等方向的把握。

我问卢教练，参赛选手都是男性，我还可以学习扒艇吗？卢教练听后笑着对我说，在过去，许多地方的龙舟竞渡确实不允许女子参加，认为女子接触龙舟很不吉利。但新中国成立后各地都出现过女子龙舟队，所以五人飞艇赛事中也有凤艇。而且英姿飒爽的女队员们奋勇争先，争夺第一，丝毫不弱于须眉男儿。同时，凤艇由女队员竞渡有“龙凤呈祥”之意。

听完卢教练的介绍，我迫不及待想试一试。穿好救生衣，挽起裤脚，在卢教练的指导下，以及几位小师弟的帮助下，我迈出了第一步。可就在脚离开地面踏上飞艇的那一瞬间，艇身不断晃动，随时会翻，吓得我赶紧坐了下来。

○ 穿好救生衣，系紧鞋带

○ 一脚踏上飞艇

○ “啊……救命啊……”

○ “吓死我了……”

好一阵手忙脚乱后终于坐定。卢教练说：“坐艇不是说在艇上坐稳就可以了，双脚还要随时根据落桡的反方向随时调整姿势，以保持平衡，所以飞艇上不仅每个人要手脚协调，而且整支队伍要保持飞艇的动态平衡。这样才可以把艇坐稳不反侧。”

学习五人飞艇，还有三项基本技术是必须掌握的，分别是上艇、落桡和抓桡。

上艇：运动员一般按从后向前的顺序，“舦工”先上，最后“头工”上艇。上艇后，运动员一只脚半曲，用膝盖顶住艇沿，另一只脚则向前伸直，稳定身体坐正。

落桡：以“头工”为参照，若“头工”在左边落桡扒，“二带桡”就要在右边落桡扒，“淋头”则在左边落桡扒，“戽水”就要在右边落桡扒。“舦工”则根据飞艇前进方向控制左右偏向。

抓桡：在左边落桡扒时，左手握下，右手握上，左脚伸直，右脚半曲，用膝盖顶住艇旁。在右边落桡扒时，则左手握上，右手握下，右脚伸直，左脚半曲，用膝盖顶住艇旁。扒艇时，腰向前弯，后仰时带动出力，双手同时向后拉桡划水。

在飞艇上挣扎了好一会儿，我的手脚终于协调了一些，不像刚上艇时那样手忙脚乱了。教练决定利用课间休息的空隙，带我去参观五人飞艇传习所。

五人飞艇传习所，是东凤“非遗”技艺传承的专用场地，位于永益涌旁的永益小学校园内，具备内容展示、资料陈列、传承培训等多项功能。走进一看，这个占地一百多平方米的传习所存放了五人飞艇比赛的大量海报和图册，并专门开辟了一个五人飞艇赛摄影作品展览专区，展示了从清代诞生以来的五人飞艇比赛的精彩瞬间。

○ 传习所五人飞艇赛摄影作品展览专区

这时，我遇到了永益小学的周永强老师。周老师是传习所的负责人之一，也是“五人飞艇 · 薪火相传”项目的负责人之一。闲暇时间，周永强就会与校内的十几名五人飞艇小成员一起训练，并利用第二课堂时间定期在传习所内开授五人飞艇课程，让学生从小认识、了解，从而爱上自己家乡的“非遗”项目。如今队里有几名小队员是外地转来的学生，也对东凤五人飞艇有着浓厚兴趣。家长们深知学习五人飞艇存在一定的危险性，但还是非常支持和鼓励孩子们学习，认为这样一来锻炼了身体，二来还可以学习到当地传统文化。周永强老师还非常高兴地告诉我，现在这批小队员的扒艇技术已经掌握得非常好，可以离开训练的小河涌到外面的大河道里参加比赛了。

○ 正在补渔网的五人飞艇的第五代传人卢元标

除了少年队，“五人飞艇·薪火相传”培训班还有青年队，张永汶就是青年队的第一批学员，也是整个培训班里技术掌握得最好的“头工”。周老师说：“张永汶虽是东凤本地人，但父辈都不会扒艇，他自己却很喜欢，一听到镇内有培训班可以学习五人飞艇技艺就马上报名参加了，还自己存钱专门找人定制了一支五人飞艇。他现在已经完成学业出来工作，还经常约上自己的小伙伴们参加镇内或周边地区举行的五人飞艇比赛。”我好奇地问周老师：“他们获得过什么名次吗？”周老师笑笑说：“现在年轻一辈只要肯去学、敢去比赛，就是对五人飞艇的一种很好传承了。”

想想也对。五人飞艇赛是东凤处于桑基鱼塘、典型水乡的农耕社会里所诞生的一项传统体育运动。随着时代变迁，五人飞艇的比赛环境已发生了很大变化。像张永汶这些年轻一代，或许他们图的根本就不是得好名次吧，只是纯粹喜欢家乡的这种文化，觉得自己身上有一份继承和发展的责任，只要坚持扒完全程，大概就感到非常满足了。

说到东凤五人飞艇，就不得不提及东凤五人飞艇的省级代表性传承人卢元标。在村民的热心指引下，我穿过几条小河涌，在一间普通民宅里见到了一位黑实的老人。他正坐在家门口安静地补着渔网。他就是永益村仁龙五人飞艇的第五代传人卢元标。黝黑的皮肤、健实的身躯、麻利的动作，我完全想不到眼前的这位老人今年已经60岁了。更让人好奇的是，这样一位普通老人是怎么成为东凤省级代表性传承人的呢？

原来卢元标从十岁起就跟随父辈学习五人飞艇技艺，传承了父亲卢沛菌及伯父卢沛锦的赛艇技巧。他五十多年来从未间断过参加五人飞艇运动的训练和比赛，多次组织村内的青年组成五人飞艇队去参加比赛并屡获佳绩。

作为镇内德高望重的传承人，标叔平时都在河里“刮鱼”，只有农闲时才在家里。刚好今天他并不太忙，而且听说我是专门来打听五人飞艇的事，就和我聊了起来。

标叔告诉我，过去赛艇是为了旺河道、保平安。无论是开工或收工，只要几支艇碰到一起，都会比试一番，以展示自己的体力和技能。赛艇结束后，同河道居住的人还会一起拜社头还神，然后与父老乡亲一起吃龙舟饭，寓意大家以后顺风顺水、身体健康。

标叔边讲边把我领到了屋前不远处的一间破旧的小房子前。我从门对面小窗口隐约透过的光线里，看到五六艘刻满了历史痕迹的飞艇，静静地挂在墙上。标叔指着其中一艘飞艇告诉我，那就是沥沙仁龙艇。这就是传说中的百年老艇沥沙仁龙艇吗？眼前的这艘艇已经铺了厚厚一层灰，而且艇身还有几处破洞。真的是这支艇，把东凤五人飞艇赛推向高潮并让五人飞艇得到很好的发展和传承吗？

标叔似乎看穿了我的疑惑，笑着说："这是我爷爷亲手制作的，别看这艘艇现在这么破烂，我们家三代人都用它参加过比赛呢，至今已有百年历史了吧。人们都把参加飞艇赛获奖看作是一件非常光荣的事，不但扒仔光荣，连全家、全村都感到光荣。而沥沙仁龙艇曾风靡珠三角，在一年一度的比赛中屡屡获奖。当时就有民谣是这么唱的：'沥沙仁龙队第一二，古镇曹步无发市。'意思就是说每年的五人飞艇赛上，永益的沥沙仁龙艇队都能获得骄人的成绩。"

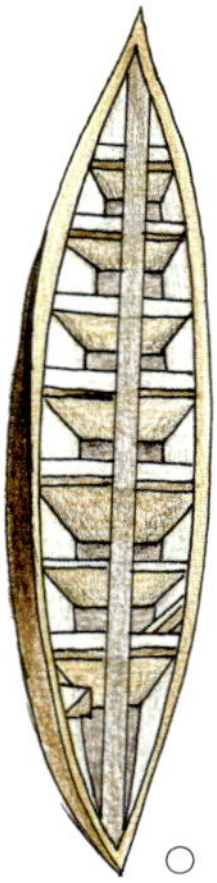

○ "十三桡艇"

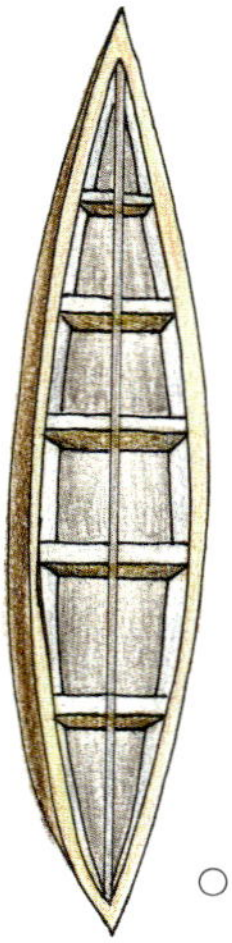

○ "五人艇"

○ 标叔带我看飞艇

我仔细端详着这东凤镇五人飞艇文化的“图腾”，总感觉这艘仁龙艇要比我以往见到的五人飞艇艇身更大。标叔耐心为我介绍说，其实五人飞艇是中国传统龙舟的一种，在民间还被俗称为“小龙舟”。由于东凤河道窄小，十三桡艇不适合东凤河道，后来才逐渐被改为专用的五人飞艇，并对赛艇艇身有着严格要求——艇身不短于 12.8 米，艇头不窄于 20 厘米，艇身宽不少于 52 厘米。

标叔还告诉我，举行五人飞艇大赛前两三天，村中德高望重的老人会带领参赛选手到庙宇或艇棚将上一年收藏的赛艇抬到空旷的地方，用柚子叶沾水洒向艇身，寓意祛除污秽，再用桐油灰为赛艇补漏翻新。

○ 用柚子叶沾水洒向艇身表示祛除污秽

到了比赛当天早上，参赛选手会在村中的土地公前进行“出食”祭祀。仪式后选手将赛艇放到村边的小河涌里，划到视野宽阔的河面，并按照事先抽签决定的次序整齐地排列在河面，也就是当地民间所说的“放龙”。为了提高赛事的观赏性，近几年东凤五人飞艇赛均在南头水上公园进行“放龙”。到了良辰吉时，裁判员一声令下，在江面一字排开的近百艘飞艇如离弦之箭，顺着鸡鸦水道向东凤新沙岛方向争分夺秒地划进。在新沙岛驶入主赛道，途经观礼台对岸，到新沙岛尾“转栋”（指飞艇调头），再经观礼台到穗成涌口转栋，然后往返若干次至“收龙”。

○ “出食”

○ “放龙”

○ “划艇”

○ “收龙”

○ 每年龙舟节，标叔都要给沥沙仁龙艇重新上油，精心护理一番

由于比赛持续时间长达三个小时，考验着扒仔的速度、耐力以及技巧，因此东凤五人飞艇赛在民间又被称为“水上马拉松”。在比赛当天，赛道沿途均设有送粥艇，为参赛选手及时进行补给。

东凤五人飞艇赛的一大特色，就是没有严格的时间和距离限制。经过近三个小时的比赛，各参赛飞艇渐渐拉开距离，当前十名大致见分晓的时候，大会便宣布“收龙”，也就意味着比赛进入最后一圈赛程。各参赛飞艇则开始最后冲刺，争先进入龙门以夺取冠军。

标叔摸着沥沙仁龙艇告诉我，虽然沥沙仁龙艇早已不能下水比赛了，但他还是坚持每年把它抬出来放到空旷的地方，重新为它上油，精心护理一番。但他也苦笑着轻叹：“我现在想的已不仅仅是如何保护好这条百年老艇了。如何让这项以东凤人自己最擅长的生活和劳动技能发展起来的传统体育赛事重新焕发蓬勃生机，才是摆在我们东凤人眼前的大难题。”

岁月变迁，东凤人过去以船代步的出行方式已悄然改变，年轻一辈中，还有多少人了解五人飞艇文化的真正内涵？老一辈热心村民仍在努力，坚持每年举办五人飞艇公开赛，积极为年轻一辈营造良好的比赛氛围，使这项经过几百年岁月沉淀的传统民间体育活动得到传承和发展。

美丽水乡——东湣

美丽水乡——东湣

还记得初到东凤电视台当播音员那会，要配一篇关于东罟的新闻稿，谁料一开始就被这个“罟”字难倒了。这是什么字？怎么读？于是赶紧拿起《新华字典》翻查起来——罟，读 gǔ，1. 网的总称，引申为法网；2. 用网捕捉（鱼或鸟兽）。

那这个村子又是怎么和网联系起来的呢？原来东罟村河流密布，水资源丰富，农用土地达 7026 亩，其中鱼塘 3527 亩，耕地 3399 亩，果园 100 亩。因此东罟村民以经营种植业和养殖业为主，主要养殖四大家鱼和南美白对虾。

丰富的水资源也为本地村民提供了天然的游泳场所，许多东罟村民从小就会游泳，在涌边嬉戏玩乐成为东罟人童年不可或缺的美好回忆。国家级运动员冯强标就是东罟人，曾在亚洲游泳锦标赛中获得金牌。此外，这里还有连续 23 年被评为“中山市优秀体育传统项目”学校的东罟小学，是中山乃至广东培养游泳高手的摇篮，许多外地学生还特意过来学习游泳。

○ 东罟的“罟”

○ 小时候在河里游泳的小伙伴

○ 长大后都成了游泳运动员

○ 各自登上领奖台

沿着东阜公路驱车，淳朴的水乡风情迎面而来。交织的河网、丰富的植被和秀丽的风景，一眼望去，旖旎的田园风光，连空气中都浸润着水乡的浓郁气息。如果你在入冬时节前来，又会看到另一番完全不一样的景象。这里除了有大大小小的鱼塘，还有约 5000 亩专门养殖南美白对虾的虾塘。为了使虾塘在冬季也能保持一定的温度，让虾苗正常生长，保证来年如期上市，虾农会赶在冷空气来袭之前给虾塘盖上塑料薄膜，远远望去，就像一床床为虾苗盖上的越冬棉被。在寒潮期间，对虾会减少摄食量，虾农就要提高饲料的营养，比如多搅拌些维生素及其他营养物质，以此增强对虾的抵抗力。

○ 东阜公路两旁清新秀丽的田园风光

○ 河边的大树下，浣洗、闲聊、嬉闹，一派怡然景象

来到村口，看到那块刻有“东罟”二字的大石头就意味着我们进入东罟村了。村庄沿途尽现如画般的水乡风情——河水青青，水面上漂着一两只小船，悠然自得。水里是三五成群的小鱼，游来游去。两岸绿树迎风招展，小鸟在枝头欢快地唱着。还有在涌边浣洗的妇人，在树下纳凉的老人和小孩，以及转圈追咬着自己尾巴的猫和小狗，“叽叽”的小鸡与“嘎嘎”的鸭子。脑海里不由得浮现出《桃花源记》中的诗句：“阡陌交通，鸡犬相闻。”“黄发垂髫，并怡然自乐。”

我上前向当地村民打听:“听说你们这出了很多游泳高手，是吗？”

这一下就打开了他们的话匣子：“对啊对啊，那个代表国家去韩国参加亚运会拿金牌的强仔（冯强标），就是我们东罟人。还有阿泳（彭泳诗），你知道吗？她也是国家级运动员呢。”

我：“那你们知道他们平时在哪里训练吗？”

他们随手往身后一指：“呐，这条涌里。”

○ 冯强标

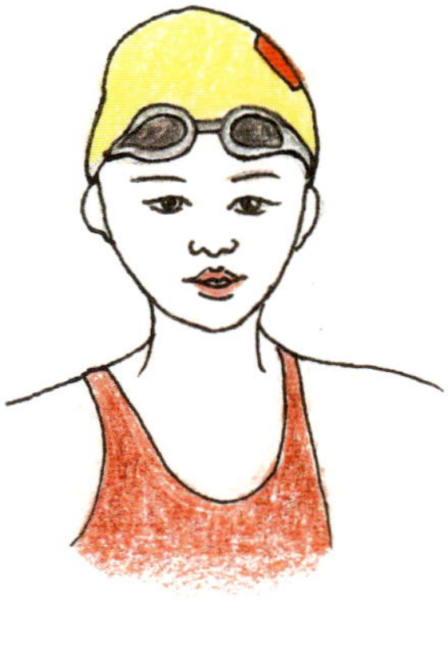

○ 彭泳诗

这条宽约五米、水流湍急的东罟直河，居然是这些游泳大咖们平日训练的“游泳场”。当年训练环境十分简陋，人们在河岸上放置简易木板当做“跳板”，运动员们不管严寒酷暑都在这里进行训练。

顺着街坊们指的方向，我找到了传说中的东罟小学。东罟小学坐落在东罟直河边上。雪白的底墙，静谧的蓝边，与蓝天白云交相辉映，淡雅而悠然。最引人注目的，莫过于校门口正前方的 50 米 ×25 米竞赛大泳池了。这便是刚才街坊们所说，20 世纪 80 年代用学校旁的两亩鱼塘改建而成的训练基地吧。听说这还是东凤镇在 1972 年建的第一个游泳池，当年在这里举办了全市游泳比赛，还成立了东罟小学游泳队。从此东罟游出了冯强标、彭泳诗和杨文仪等运动健儿。

○ 在东罟河边的简易“跳板”上训练的运动员

○ 东凤镇的第一个游泳池

在学校的宣传栏上，我看到了历任游泳教练的简介，从 1972 年至今，共有四位教练任教。其中第一任教练梁耀津，在任教的 12 年间，带出了亚洲冠军冯强标、全国冠军彭泳诗、八一队梁松根和梁传文等运动员，还带领东罟小学取得了中山市游泳比赛“十连冠”。校长陈媚芳告诉我，中山市中小学游泳锦标赛的冠军奖杯是流动的，只有连续五年获得锦标赛冠军才能持有这座奖杯，而在东罟小学的游泳之家里，就放着两座这样的奖杯。

○ 东罟小学曾获得中山市游泳比赛“十连冠”

学校游泳队队员每天都要训练，普通学生也要下水，在老师以及家长的带领下，每天一班，按照顺序轮流下水训练。不少学生小小年纪就已熟练掌握游泳四式的基本动作，在游泳池里就如在平地上一般轻松自在。东罟村爱好游泳的传统，不仅学生们喜欢，家长也重视，连游泳老师也都全部持有国家级游泳教练资格证。自 1972 年成立游泳队以来，东罟小学屡创佳绩，多次获得中山市团体前三名，因此每年都有体校教练特地过来东罟小学选拔优秀苗子进省、市体校继续培养。

○ 每天课后，东罟小学的游泳池便热闹起来

小知识

游泳的四式，分别是蛙泳、蝶泳、自由泳和仰泳。其中蛙泳是历史最悠久的，也是人们日常休闲娱乐、救生和竞赛使用最多的一种姿势。蝶泳历史最短，要求游泳者拥有很好的力量性、灵活性和协调性。

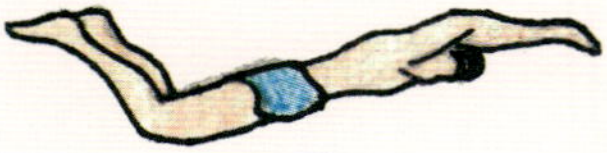
○ 蛙泳

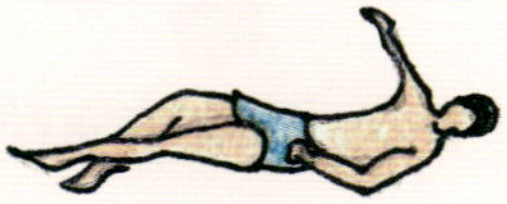
○ 仰泳

○ 自由泳

○ 蝶泳

除了游泳，咸水歌在东莞也有着广泛的群众基础。听老一辈说，珠三角大片的冲积平原就被称为咸水田或大沙田，人们在生产劳动、休息聚会的时候，就经常三五成群地即兴传唱。只要有人唱了开头，就有人接着对唱，一唱一答，十分热闹。咸水歌的传唱还有一个很吓人的专属名词，叫“爆肚”。是因为憋气太久把肚子唱爆了吗？后来才知道原来是对唱时的即兴创作，这也是唱咸水歌的最高境界。

我看过全市的咸水歌大赛，歌手们演唱的内容十分广泛，上通天文，下至地理，贯通古今中外，真是无不入曲。而会“爆肚”的歌手，往往生活阅历丰富，长短句唱法掌握到位，对歌曲的表达也更接地气。据说东莞现在有十多位上了年纪的咸水歌爱好者，他们就很会“爆肚”。

2012 年，东罟小学被授予“国家级非物质文化遗产名录——中山咸水歌传承基地”牌匾。2013 年开始，东罟小学把咸水歌融入到音乐课堂中，成为学校课程的一部分。每周音乐课，音乐老师都会教授关于咸水歌演唱的内容，确保每个学生每个学期学会一首咸水歌。

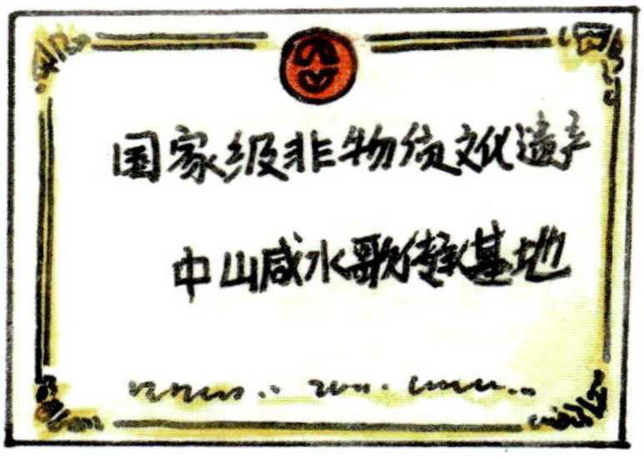

○ “国家级非物质文化遗产——中山咸水歌传承基地”牌匾

○ 劳动间隙，人们经常即兴传唱咸水歌

东罟小学还专门邀请了校外辅导员何端友老师对咸水歌的创作进行细致分析和讲解，经常邀请歌手到学校协助开展活动，演唱咸水歌。学校也鼓励老师们积极创作。目前东罟小学的大部分老师已经基本掌握了咸水歌的创作方法，像《唱东罟》《东罟小学好光辉》等一首首脍炙人口、朗朗上口的咸水歌，均出自他们之手，而目前东罟小学已有五十多首原创咸水歌收录在册。

由于咸水歌的传唱要用本地方言，每句歌词最后的字词腔调要求押韵，因此比其他词曲创作难得多。东罟小学珍藏了许多咸水歌的创作手稿，每张创作手稿上，密密麻麻写满了修改意见，可见咸水歌的遣词造句是多么讲究。

○ 老师创作咸水歌

花开结子子成群（咸水歌）

豆角花开蝴蝶样，花开结子尺三长。
番瓜花开喇叭样，花开结子里底乘凉。
丝瓜花开电筒样，花开结子肚成囊。
菱角花开浮水面，花开结子水底收成。
竹树花开根连根，花开结子子成群。
万众一心跟党走，人民爱党党爱民。

为了唱响东罟风情，东罟小学筹建了一支三十多人的咸水歌队，队员们都是从各班的歌手苗子里挑选而来。一开始队员们大多觉得咸水歌陌生、腔调奇怪，很难适应，但经过不断学习与排练，队员渐渐熟悉甚至喜欢上了咸水歌，并在东凤各项大赛中崭露头角。2012 年，东罟小学咸水歌队荣获东凤镇首届文化节青少年才艺展示比赛银奖。2014 年，获东凤镇的艺术节特色展示一等奖。2014 年，获东凤镇首届少儿艺术花会一等奖。

○ 校咸水歌队在排练

西罟不只有龙眼

西罟不只有龙眼

○ 西罟村的人家，房前屋后都种着龙眼树

和东罟一样，西罟也是水网密布、河道纵横，然而西罟最大的水乡特色，却在于爽脆清甜的西罟龙眼。

初春时，龙眼开始开花。此时西罟村的大街小巷、房前屋后，一朵朵、一簇簇白里泛黄的小花里，嗡嗡作响的小蜜蜂忙碌穿梭。淡淡清香随阵阵清风飘来，仿佛整个村子的空气中都充盈着浪漫的甜蜜。

○ 龙眼是大自然给西罟村的馈赠

转眼来到盛夏，如果此时再到西罟，你会发现这里变成了另一番美妙景象。经过几个月的阳光雨露滋润，沿河两岸的龙眼树早已被沉甸甸的果实压弯枝头，条条河道都倒映着龙眼的倩影，烈日下弥漫着甜滋滋的果实味道。村民带着自家小孩在树下纳凉，闲话家常之余，偶尔抬手摘下悬在头顶的那几颗龙眼，剥开来让孩子品尝这来自大自然的馈赠。

“脆肉石硖龙眼”一直是西罟村的特色水果，至今已有一百多年种植历史。它在 20 世纪 80 年代就曾被评为广东省名优农产品，1992 年更获得了全国首届农业博览会的铜质奖。究其原因，比起其他地方的石硖龙眼，西罟石硖龙眼皮更薄、核更小，且肉厚、汁多，吃起来特别香甜爽口。西罟村的龙眼从来不愁销路，每到龙眼成熟季节，识货的人们早早来与村民谈价钱，或按收成斤数付款，或一口价全包下来。

○ 皮薄、核小、肉厚的西罟龙眼

○ 识货的人们自然早早前来采购龙眼

○ 接近 120 岁高龄的龙眼树

西罟村的龙眼树，目前大约有 1.5 万棵，相当一部分是分布在“龙涌”河两旁，不少树龄已有 100 年以上。在龙涌附近，我见到了当年村里最早引种的龙眼树，现在已接近 120 岁高龄，被立碑保护起来，还被列为国家三级保护树种。这棵龙眼树高约 14 米，长得枝繁叶茂，树枝主干的横向最大直径达二十多米，比旁边的一栋居民小楼还高大。此树的主人还自豪地告诉我：“别看这树这么老，它还很高产，去年产量就有近 1000 斤，而在四十多年前最高产的时候还结过 2700 多斤龙眼呢。”

为了保护和开发这一当地特色，西罟龙眼在 2013 年就拥有了自己的“身份证”——在中国工商总局注册了“西罟石硖”和“罟步石硖”两个商标。2014 年成立合作社，实行产业化发展，定期邀请专家为西罟石硖龙眼“把脉开方”，提纯复壮。在品尝过清甜爽口的西罟龙眼后，我还带回几颗龙眼核在自己家里尝试种植。在我的精心栽培下，龙眼很快生根发芽、茁壮成长起来。但此后无论我如何勤快地施肥浇水，长势都不大喜人。我特地来到西罟请当地村民指点迷津，原来当西罟龙眼树长到一定高度时，要进行人工干预，控制树的高度，才能保证龙眼的产量和品质。

○ “西罟石硖”的“身份证”

○ “罟步石硖”的“身份证”

○ 尝试种植龙眼树

西罟龙眼树不仅所结的龙眼可以食用，树叶还可以泡茶。这种富有农家特色的“龙眼叶”，不仅带有龙眼果香，回味醇甜，还有生津解渴、消滞解乏的功效，大人和小孩都适合饮用。西罟村民说，100 斤茶叶，大约只能产出 150 克的茶。过去他们下田割禾前没有什么清凉消暑的饮品，都是用龙眼叶煮茶带去田间喝。龙眼叶煮的时间越久，茶的味道就越香醇浓郁。也可以直接把龙眼叶揉碎后泡茶饮用，泡出来的茶汤色清亮金黄，味道更清新自然。还可以把龙眼叶摘下来晾干，放上几年后再泡，如果晾晒时有虫蛀留下虫屎，就变成“龙珠茶”，泡出来的味道更加醇香。

○ 田间劳动间隙，人们常用龙眼叶泡茶喝

○ 秋冬的清晨，麦婆婆家里透出的灯光，给人带来一点暖意

在西罟，除了脆肉石硖龙眼家喻户晓，还有一位感动了全中国的九旬老婆婆，她就是慈母麦容欢，中年丧夫后她仍用孱弱双肩独自抚养两个患有智力发育障碍的儿子走过大半个世纪。2013 年的初春，我第一次走近这个特殊的家庭。

麦婆婆出生于 1918 年，家住西罟村埒尾街。进入西罟村，大约走十分钟，再穿过苍翠的蕉林，走过简易的独木桥便来到麦婆婆家。早上 7 点多，天色尚早，树梢上的鸟鸣声为宁静的村庄增添了几分生气，而此时麦婆婆房里的灯，已点亮一家人一天的生活。

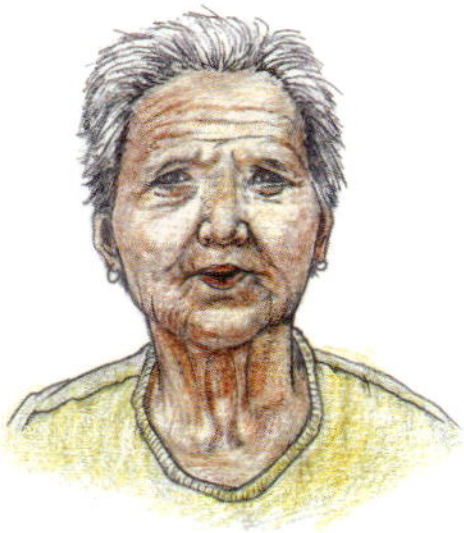

○ 麦容欢

我：“麦婆婆早啊。”

麦：“早啊，小姑娘。”

我：“这么早就起来了？”

麦：“嗯，今天有点冷，给他们多穿几件衣服。”

麦婆婆说的他们，就是她那两个出生时就患有智力发育障碍的儿子。尽管都已年近七旬，还需麦婆婆亲自照顾起居饮食，甚至仍无法与人正常交流。

○ 麦婆婆给儿子缝衣服

我：“叔叔，你叫什么名字？”
富：“叫什么名字，69。”
我：“我问你，叫什么名字？”
富：“陈富和。”
我：“69岁了是吗？”
富：“嗯，陈富和。”
我：“那你是弟弟吗？”
富：“煮饭。”
我：“煮饭？”

麦婆婆告诉我，小儿子阿富现在每天在家负责煮饭。原来麦婆婆担心自己离世后儿子们没人照顾，于是在阿富二十多岁时，就手把手地教他做饭。尽管有时会忘了洗米或者忘了按开关，经过多年练习，阿富终于在五十多岁时做出一顿像样的饭菜。阿富还是个标准“宅男”，因为有次外出迷路了，从那之后除非麦婆婆特意交代，否则他的活动范围就是家里和屋后的那片菜地。这不，他已经拿起水瓢在菜地里欢快地浇水了，麦婆婆在屋里不时提醒：“不要那么大瓢，一点一点浇。”

○ 麦婆婆手把手教小儿子阿富做饭

“那大儿子阿满呢？”

麦婆婆说：“一般都是我和阿富待在家里，阿满喜欢热闹，无论刮风下雨，一起床就出去看别人打牌。等牌局散了帮忙收拾桌椅，再到集市上逛逛，然后给家里买点肉。一些好心人还会经常送点鱼、豆腐让他带回来。”

麦婆婆住的这间平房只有三四十平方米，屋顶有些漏风，呼呼的声响不断在头顶环绕。屋内粗糙的白灰墙上挂着麦婆婆和两个儿子的“全家福”，麦婆婆慈祥的脸庞上已爬满岁月的痕迹，身旁的两个儿子却依然无忧无虑地咧嘴笑着。在正对窗户的地方，靠墙横放着一张长木椅。香火台上供奉着祖先的牌位和观音像，上面贴着的一张写有“子孙昌盛　富贵荣华”的红纸显得格外刺眼，我心中不免掠过一丝酸楚：看来命运和麦婆婆开了个天大的玩笑。

○ 阿富还喜欢给菜地里的菜浇水

麦婆婆拿出针线包，准备把阿富的大衣脱下来缝扣子。今早帮阿富穿大衣的时候，麦婆婆发现上面的一颗扣子松了。

我感到非常不可思议："麦婆婆，那平日谁帮你穿针啊？"

麦婆婆抬头看了看我："我自己啊。"

一个九十多岁的老婆婆居然能自己穿针。只见她麻利地把线捏好，借助门口透进来的那点阳光把线对准针口，一下就穿过去，在线尾再打上个结，然后动作娴熟地补起扣子来。

见我在旁张大着嘴不说话，她又慢慢地打开了话匣子："现在我们不愁吃不愁穿，就是他们的衣服破了没人帮他们补。"

我："你是说现在还要自己给他们补衣服吗？"

麦："对呀，他们不会补，所以要自己亲力亲为。以前他们穿的衣服全都是我自己做的，都不用别人帮忙。"

○ 麦婆婆的全家福

说完，麦婆婆还得意地笑了笑，我心里却很不是滋味。现在麦婆婆家里每个月都可以收到政府的特殊补贴，志愿者也会定期到家里帮忙打扫卫生，社会的热心人士还会经常过来探望他们，但再好的服务终究比不过母亲对儿子这份不离不弃、无微不至的疼爱。麦婆婆这一生，心思全放在了她这两个儿子的身上，一心一意地想着如何照顾好他们。

麦婆婆说："现在条件这么好，大家都支持，我心里很感激、很开心。我这么大岁数了，但还是想活久一点，这样我的儿子就能有人照顾。"

这才是支撑麦婆婆一直咬紧牙关坚持的真正理由。

阿富见妈妈把线头咬断，高高兴兴地跑过来穿起衣服，然后到厨房里准备午饭。麦婆婆对我说，接下来她要到屋里看会儿电视。她说自己最喜欢看戏曲频道，听听粤曲。一会儿大儿子阿满带些肉回来，他们一家就可以吃午饭了。

可能在我们外人看来，这是艰苦而不平凡的一天，但这却是麦婆婆一家极平常却幸福的一天。面对生活所带来的一切苦难，麦婆婆没有怨天尤人，而是积极乐观地把日子过下去。多么希望她就这样一直健康长寿，和两个儿子平淡地生活下去。

自助生态乐游游

自助生态乐游游

“Hello，这周回家吗？”

“不回呀，在东凤呢。”

“那我们过去找你，约吗？”

“好啊！咱们就来个自助生态游吧。”

作为东凤的半个“地胆”（在某地生活，熟悉情况且关系广的人），每逢亲朋好友过来探访，我总喜欢自告奋勇地带他们到天后宫走走。那里是当下最流行的自助生态游的好去处，大家可以在一天的吃喝玩乐中了解东凤当地的民俗、饮食和文化。

从东凤镇中心出发，骑自行车沿着东阜路直走，绕过东凤中学前花坛，到和泰路口左转，沿着河堤再往前骑一会儿，在穗成闸头远远就可以看到高高矗立的天后像了，这便是东凤当地最具特色的旅游景点——孖水天后宫。

○ 天后像

孖水天后宫，原名中沙孖水天后庙，建于清道光庚戌年（1850 年）。相传天后圣母是妈祖的称号，姓林名莫娘，她识天象、懂医理、善游泳，一生扶危济困、济世救人。东凤三面临海，始祖先定居后，饱受风灾水患。1850 年，人们在中沙鸡鸦水道旁建起了孖水天后庙，从此天灾大大减少，东凤人民安居乐业。因天后庙坐落在防洪堤外，常受洪水侵蚀，1986 年，当地村民又建了一座 80 平方米左右的庙宇。而我们现在见到的天后宫，则是在 2009 年 8 月由当地商界知名人士何茂财

○ 东凤中学前的花坛

○ 天后宫旧景

先生倡议并带头捐资 1000 多万元重建而成的，于 2012 年九月初九天后羽化升天的日子开光落成。如今这里每天都吸引不少周边地区的信众前来进香许愿，是中山香火较为鼎盛的天后宫之一。

○ 天后宫新景

○ “风调雨顺　国泰民安”

沿着宽敞洁净的文化大道前行，不远处就是天后宫正门。大门两侧题有“风调雨顺　国泰民安”八个金灿灿的大字，非常醒目。一进门就是宽阔广场。天后宫占地三十亩，分为广场与宫殿两部分。偌大的广场上设有停车场，不仅可以方便远道而来的信众们停放车辆，在天后诞、圣道日等天后宫举行大型庆典的日子里，还可以在这里搭台唱戏、宴开百席，场面十分壮观。广场四周错落有致地种着造型奇特的罗汉松，这让天后宫的环境非常清幽雅致，令人心旷神怡。

○ 天后宫布局

矗立在广场正中的就是天后圣像了，高达 26 米，神态庄严，远眺着美丽的鸡鸦水道，保佑来往的渔船。初到东凤时，我就听说了“十亩沙仔参拜娘娘”的故事。相传 1933 年，一艘梧州渡轮原本要经小榄水道航行却误驶入鸡鸦水道，在大沙岛搁浅。船长请来两艘“火船”拉渡轮，却怎么都拉不动。船长灵机一动，带上三条鲮鱼入天后宫焚香参拜。等他回到渡轮时鸡鸦水道就涨潮了，渡轮最终得以顺利驶离搁浅区。这段奇遇被渡轮上来自五湖四海的乘客们传到各地，一时间，前来参拜的人络绎不绝，天后宫里香火鼎盛。

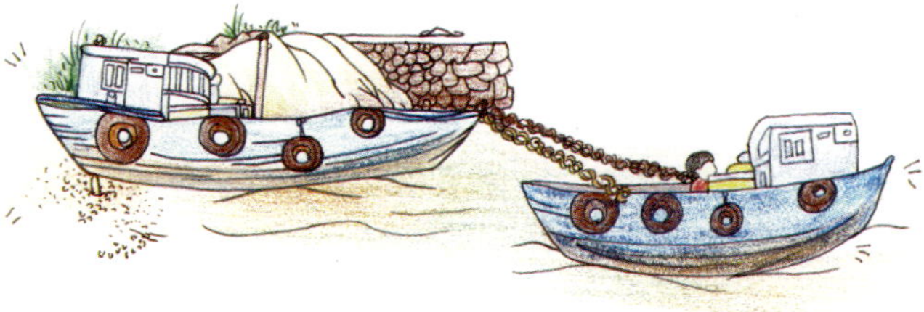

○ 渡轮误入鸡鸦水道后搁浅，无法驶出

○ 船长入天后宫拜见天后娘娘

○ 鸡鸦水道涨潮，搁浅的渡轮终于顺利驶出

突然，耳边传来悠扬的钟声，并伴有欢快的鼓声，我和朋友遂寻声而去。穿过高大气派的天后宫牌坊，踏过金水桥（八卦池），坐落在大殿前、左右对称的钟鼓楼便映入眼帘。原来是小朋友们在演奏和谐曲，宁静的天后宫瞬时喧闹起来。宫内的管理人员出来维持秩序，让孩子们轻点、慢点，并跟我们解释，周末信众们常带孩子一起来游玩，家长进殿祈福，孩子们则常在广场内自得其乐。

○ 小朋友们“左右开弓”，奏起了和谐曲，宁静的天后宫瞬时喧闹起来

○ 八卦池

○ 天后宫牌坊

○ 天后宫正殿里供奉的天后圣像

宫殿是按照清代皇宫建筑风格设计的。中轴线依次为牌坊、左右钟鼓楼与碑亭、幡杆、长廊和正殿，总面积一千四百多平方米。而正殿是全宫的主体建筑，里面供奉着天后圣像。天后像为漆楪贴金，据说是从天后宫皇湄洲祖庙点睛分灵而来。

每年农历正月十五元宵节请神活动、三月二十三日天后诞，还有九月初九重阳节（天后升天）均会举行盛大的纪念活动，传承和弘扬天后助人为乐、仁爱慈善、热爱和平等文化和精神。还邀请省市名医师组成义工队，每月抽出两天时间在天后宫进行义诊，免费送医赠药，帮助老百姓们消除病痛，引导信众施人以爱、与人为善。孖水天后宫还成立了慈善基金会，把所得的灯油钱和斋菜餐费，扣除人工后，悉数用来帮助寒门学子和患病群众。

tips

由于前来求诊的群众较多，需要求诊的群众可以通过拨打电话 18933313805（李小姐）进行预约排号，预约成功后会有电话通知就诊时间。而需要救助的群众也可以拨打电话 0760-22796933 与基金会联系。

○ 天后宫里，医疗队为群众义诊

天后宫的斋堂叫“延寿堂”，面积约有 1000 平方米，就在古色古香的文化长廊后面，出大殿往左走，一会儿就到了。斋堂大厅内挂着以“孝”“善”“忍”为主题的书法字画，文化氛围浓郁，可设宴 58 席。宴会厅内也挂有多幅书法字画，更显高雅，可设宴 3 席。在延寿堂的外走廊，即黑底金字刻有天后圣历的文化长廊里，还可加设宴席 20 桌。整个就餐环境在全中山的斋堂里可谓数一数二，每次带亲朋好友过来就餐，他们都对这个斋堂的环境赞不绝口。

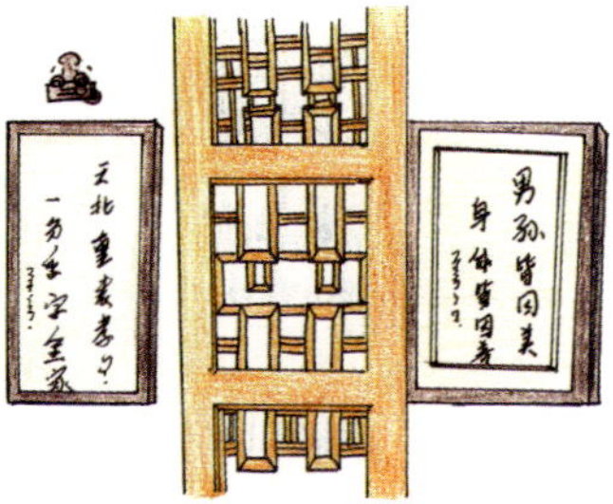

○ 宴会厅内挂有多幅名家的字画

○ 古色古香的文化长廊

○ 长廊

除了环境好，这里的斋菜出品更是俘获了大批信众的味蕾，许多附近地区的民众也喜欢在初一或十五的前来品尝。订餐负责人告诉我，这里的出品绝对天然无添加——食用油选择优质的花生压榨而成，吃起来特别醇香；饮用水则经过国家授予合格资质的过滤器进行处理，食客们可以放心饮用；每天的食材均由当地农民种植并新鲜采摘配送，确保出品的安全和健康。

○ 斋堂所用食材均由附近农民种植，新鲜又健康

天后宫的斋菜菜式根据季节的变化及时调整搭配的时令瓜果。斋堂一般设有两个套餐。套餐一有“黄金搭档”（玉米和红薯）、步步“糕”升、丰衣粥（足）食、罗汉斋、风生水起、莲藕焖花生或豆浆丝瓜浸粉丝、榄菜炒豆仔或豆角、杂菇煮节瓜、腰果松子丁、冬菇焖支竹和大头菜。套餐二丰富些，包括发菜（财）好市、榄仁松子酸姜丁、香脆双果（核桃、腰果）、白灼西芹远或白灼芦笋等13道菜。我最喜欢的是“黄金搭档”和榄仁松子酸姜丁。“黄金搭档”里的玉米和红薯，比在其他地方吃到的更原汁原味。榄仁松子酸姜丁里的榄仁和松子则特别香口，再搭配酸甜可口的姜丁，满嘴都是畅快淋漓的满足感。斋堂偶尔会赠送一些腌制的头菜，吃起来甜甜的，又有点咸酸，特别爽口开胃。

○ 榄仁松子酸姜丁

○ “黄金搭档”

○ 斋堂的每道菜都分量十足

如此美味的斋菜分量还超足，每道菜都是把大大的碟子装满了才上桌。同行的朋友忍不住说："这么大一份，在别的地方都可以一分为二了吧，真是良心出品啊。"天后宫还会贴心地为每桌食客都准备好打包餐具，并把当天一两桌"飞机单"（临时取消的订单）的食物全部分发给现场食客。我就曾得到几个自己最喜欢的红薯或玉米，着实开心了好一会儿。

○ 和穗生态园里常有人跳舞健身、散步锻炼

天后宫的斋菜开席时间为晚上 7 点，饱餐一顿后如果觉得还不过瘾，可以继续骑上自行车，到鸡鸦水道沿岸的首座滨江公园——和穗生态园骑行。这个公园就在旁边。一出天后宫大门就可以与大自然来个最亲密的接触。

和穗生态园分有人工湖区、密林观景区、湿地风光区和文化展示休闲区四个功能区。沿途铺有沥青绿道，还有多个造型优美的观景亭。三个连片的荷塘也在绿道旁边。夏日的傍晚，附近居民会在饭后到这里跳舞、健身、散步。

○ 在和穗生态园骑行

一校一品，特色纷呈

一校一品，特色纷呈

中山有“一品一镇”，培育了一批特色专业镇，区域特色经济蓬勃发展。

而如今的学校，在丰富学生业余生活和培养学生兴趣爱好上，比以往更胜一筹。每个学校都有自己的品牌，特色教育呈百花齐放景象。在东凤，就有玩转足球的同安小学、彰显“轮的艺术”和民乐特色的安乐小学、推广游泳和传承咸水歌的东罟小学、把习武与修身养性结合的永益小学以及弘扬传统书画艺术的民和小学等。

○ 学校的课间总是热闹非凡

玩转足球的同安小学

足球场上，随着老师一声令下，整齐排开的学生们便一齐坐下，并将手中足球放置身前，开始自编足球操的第一个动作。而在接下来短短三分钟的展示时间里，学生们跟着老师口令或踩，或跳，或抱，熟练地完成了传球、颠球、踩球等基本动作，充分展示出作为中山足球特色传统学校学生的高超足球技艺。

作为足球教练，李品老师已经带了好几批足球小将，见证了同安小学足球队的茁壮成长。他坦言，受技巧和场地限制，小学生对足球的接触会比较少，所以学校通过自创足球操，让更多学生喜欢上足球。

○ 同安小学自创足球操，让更多学生接触足球，爱上足球

○ 孩子们在老师的指导下进行足球比赛

李老师还向我描述了来自足球强国阿根廷和巴西的两个外籍教练到学校的场景。当天外籍足球教练一现身，学生们的热情一下子被点燃。而外籍教练们也是各施所长、尽展风采，为全校师生激情讲解和示范：左扣右拨、插花脚、拉球转身过人和不间断一脚传球等，脚法娴熟、动作潇洒。最后还和大家在绿茵场上做起了游戏，使全校师生对足球的热爱之情空前高涨。

彰显“轮的艺术”和民乐特色的安乐小学

独轮车和活力板，都是近年新兴的时尚体育运动，深受年轻朋友们的喜爱，街头巷尾经常有“追风者”们自由穿梭。在安乐小学也经常能看见独轮车和活力板的身影。可看起来就很容易摔跤的运动，为什么还会在校园推广呢？原来，在做好安全保护措施的前提下，这两项运动不仅有利于提高学生身体的平衡力和协调力，还能促进孩子的智力发育，锻炼和培养其灵敏性，对学生身心发展大有裨益。

○ 家长带着孩子学习独轮车

教练何老师还向我传授了一些学习方法：活力板的学习要先练习如何站稳，站稳后才能学习怎么走好；而独轮车入门的则是滑行练习，只有练好了才能进入自由的骑行状态。学校不少学生刚开始学习时都是自己扶着栏杆慢慢练的，大概一个学期左右就可以离开栏杆自由操作了。

○ 校园里，学生在学习活力板

○ 民乐合奏

除了致力于促进孩子们身心的健康发展，安乐小学还非常注重陶冶他们的艺术情操。所以别看他们动如脱兔，从轮上下来他们一样可以静若处子。这不，孩子们弹奏起悠扬动听的民乐，有琵琶表演《每当我走过老师窗前》，也有二胡齐奏《新疆是个好地方》，还有口风琴演奏《青春圆舞曲》等，美妙的旋律回荡在校园上空，甚是诗情画意。目前学校民乐团有一百多名乐手，2016 年他们的民乐合奏《乐意》更是勇夺市少儿艺术花会金奖，成为东凤第一个拿奖的项目，实在了不起！

推广游泳和传承咸水歌的东罟小学

傍晚时分，东罟小学的游泳池异常热闹。一天紧张的学习过后，孩子们放下书包，一头扎到了泳池里欢腾嬉戏，此刻学业的压力都被抛到脑后。而学校楼顶上挂的红彤彤的“树教育品牌、创游泳特色、育优秀人才”的校训，也不禁让我想起其特色鲜明的校歌《蓝色的梦想》。

有一个蓝色的梦想，到蔚蓝的大海欢唱，
海底的世界包罗万象，渴望的心亮堂堂。
有一个冠军的梦想，登上高台接受颁奖。
掌声响起我心飞扬，亚洲冠军我们榜样。

歌词表达了运动员们游泳时的欢畅，也唱出了他们对比赛胜利的渴望。这首以游泳为主题、突出学校特色项目的校歌，由校长陈媚芳亲自填词。陈校长告诉我，东罟小学的学生基本人人都会游泳，因为除了游泳队全年进行训练，每年清明节一过，天气渐暖，学校以每日一班的方式，轮流安排学生们入水进行游泳四式的训练。而来接送的家长和附近村民还会组成志愿服务队协助。整个学校的游泳氛围相当浓厚，每天大课间，全体师生还会一起做自编的游泳操。

陈校长还告诉我，东罟小学连续 23 年成为市优秀体育传统项目学校，也是全市第五个非物质文化遗产传承基地，被中山市非物质文化遗产保护中心授予“国家级非物质文化遗产名录——中山咸水歌传承基地”牌匾。在学校的后方，我看到了一个充满水乡特色的舞台。舞台下方是一个运动员在泳池里奋臂划水的比赛场景，舞台背景则是穿着水乡服装的姑娘们在一片碧绿的蕉林里放声歌唱的景象。这些栩栩如生的创作，均出自东罟小学师生之手，可见咸水歌在东罟小学师

○ 游泳前的热身运动

生们的心中，与游泳一样有着举足轻重的地位。如今咸水歌已被列入东罟小学的校本课程，每个年级每个学期都会学唱咸水歌，因此东罟小学的学生都至少会唱一首咸水歌。每年艺术节，学校还会为咸水歌设立专场，邀请咸水歌传承人和发烧友到学校进行指导和创作。

把习武与修身养性结合的永益小学

早上 7 点左右，永益小学里就活跃着几十个矫健的小身影。他们夏练三伏、冬练三九，跳、腾、挪、跃，刀、枪、棍、剑，一招一式都有板有眼、英气逼人。这便是永益小学的武术队。

在校园里，长长的宣传栏上贴满了霍元甲、李小龙、叶问等武术名家的生平介绍，建筑的墙体上也画有习武的各式动作等，整座校园洋溢着浓郁的武术氛围。全校师生正在做武术操，领操的是一位肤色黑亮、身材健硕的老师，一看就是个习武之人，他就是永益小学的武术教练谢仕木。谢教练告诉我，武术操是他编的，全体师生在每周一、三、五的课间都会做，以达到推广武术、强身健体的目的。永益小学从 2004 年起已连续 12 年获评全市优秀武术传统项目学校，武术不仅成为学校的一个特色项目，更成为一种校园文化。

○ 永益小学的小小武术队员

○ 课间，全校师生一同做“武术操”

谢老师把我领到了武术训练馆。只见全身镜、塑胶垫、武术器械等器材一应俱全。永益小学武术队自成立以来，共六次获得市运会武术比赛总分第一名、四次获得武术传统项目学校比赛团体总分第一名，其他大大小小的单项荣誉不下 300 个。不少学生被选送至省、市体校继续深造，有的后来还成为省运会冠军。

○ 武术器械等习武器材一应俱全

校长告诉我，当初永益小学并不具备成立武术队的条件。没有专门的室内练功场，孩子们就在沙地上练功；没有刀枪剑棍等器材，谢老师就自己用木头和竹子等手工制作。而最大的困难是不少家长担心习武辛苦，会影响学习成绩，助长孩子们的暴力倾向。于是学校规定学生在习武前都要学习、背诵《弟子规》，旨在“学武先树德”，让他们明白立身处世和待人接物的道理。这样做不仅丰富了孩子们的校园生活，还帮助学生强身健体，养成吃苦耐劳的精神。现在武术队里出了不少学习尖子。

○ 学生在习武前必须背诵《弟子规》

○ 引人注目的手绘文化墙

弘扬传统书画艺术的民和小学

最近，万科金色家园小区和东海路段都出现了以“社会主义核心价值观”和“中华优秀传统文化”为主题的手绘文化墙。墙绘颜色鲜艳，主题突出，仿佛一幅幅展开的美丽画卷，引得路人驻足称赞。

原来，这些如此童趣十足又寓味深远的画卷大部分都出自民和小学的学生之手。既然如此，就去会会这些小画手们吧。

一进民和小学，浓厚的艺术气息迎面而来，处处都是学生们的得意画作。而且画种还各不相同，既有浑然天成的国画，也有色彩斑斓的水粉画，还有黑白鲜明的线条画，以及独具特色的版画等。在校舍的书画长廊里，展示了五百多件艺术作品，有山水画，有人物画，还有颇具中国传统文化特色的京剧脸谱等，琳琅满目，非常可爱。这里不愧是全市艺术教育特色学校，处处洋溢着和而不同、高雅而灵动的艺术氛围。

○ 民和小学的书画长廊里，展示了五百多件艺术作品

○ 老师带领学生外出写生

黄老师是民和小学的美术老师，她告诉我，这里展示的作品全部都由学生创作，学校定期就会换一批，现在自己手中还有一大批作品没来得及展出。我不禁好奇："学生们怎么能创作出这么多好看的作品？"黄老师笑笑说："除了从入学起就对学生进行基础的绘画培训，学校还会选拔优秀苗子组成书画艺术社团，利用中午休息和晚上的时间在艺术楼里进行创作。有时候还会带学生外出写生，感受大自然之美，并定期举办大型的亲子绘画比赛和彩墨人生书画展等，激发孩子们创作的热情。所以近年来民和小学的学生们在各项省市比赛中屡获大奖。"

在体艺馆里，我看到了一幅由叶宇芊同学创作的《伟人故里》。画面中的小桥流水、霞光云色及鱼米丰收场景都一一展现出中山的独特魅力，而且色彩鲜艳，笔触细腻。这幅作品曾获广东省万名儿童绘画比赛一等奖，奖状还是从国家旅游局局长和广东省省长等领导手中接过来的呢。

作为中山中小学特色美术教学与创作实验学校，民和小学的水粉画也非常有特色。比起平时看到的水彩画，学生们创作的水粉画颜色更鲜艳，质感也更厚重。而不少学生还把水粉画延伸到生活中去，创作出一个个可爱的脸谱、容器和其他艺术品，生活也因艺术而变得丰富多彩。

味蕾的诱惑

味蕾的诱惑

都说美食是最深的乡愁，东凤虽不是生我养我的故乡，却是除了故乡外最能诱惑我味蕾的地方。当我把近五年的时光献给味蕾，各种酸、甜、苦、辣、鲜恣意邂逅舌尖、萦绕心头时，渐渐地，美食也给予我最纯真的回馈。

原味吊企鸡

关于鸡，东凤最出名的莫过于和泰吊企鸡了，号称东凤第一特色美食。它可以说是珠三角吊企鸡的发源地，也是东凤人吃吊企鸡的指定地点。本地人笑称：“没有吃过和泰吊企鸡，就不算来过东凤。”与那句“不登长城，等于没到过北京”听起来颇有几分相似。和泰吊企鸡还是东凤镇首届美食节十大特色菜之一。

○ 和泰吊企鸡

为何这只钢管上的鸡这么出名？原来这里选料及制作都有独特配方。首先选用的鸡全部是4.5斤左右的清远走地大骟鸡，因为这时的鸡刚刚“够日”。然后现杀现烤，配以自家祖传的秘制酱汁和专制的炉具进行烘烤，做出来的鸡才外脆内嫩、色香味俱全。而吊烧造型也让整只金黄脆皮的烧鸡“站立”起来，也就是我们粤语称的“栋企”，吃着格外香口，看着又饶有趣味。

吊企鸡还讲究一定吃法。当香喷喷、冒着热气的鸡端上桌时，一定要放下碗筷，直接用手撕开鸡肉，大口咬下去。因为趁热吃的鸡肉才饱含鸡汁和肉香，最具风味。当然，汇集在底下盘子里的浓郁鸡汁也不能错过。不少食客会点上一盘新鲜蔬菜蘸着鸡汁来吃，既解了鸡肉的油腻感，也为下道主食——素面的出场进行巧妙铺垫。把素面倒入鸡汁中搅拌，让它们充分吸收鲜美的鸡汁后，再“呲溜”地吸进嘴里。把整只鸡的精华一滴不漏地吃进了肚子里，非常满足。

地址：和泰渡头转右直入500米

○ 手撕

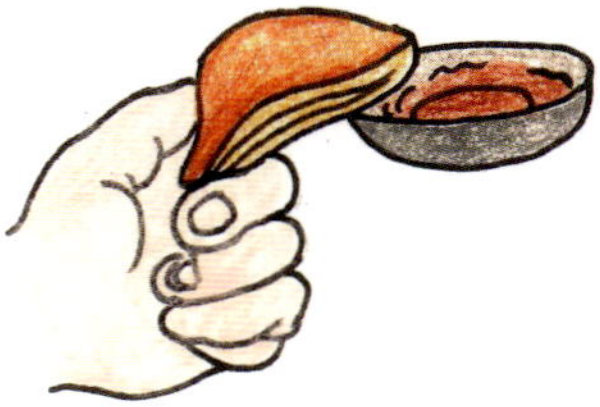

○ 蘸汁

○ 素面搅拌

招牌老铺——国记大酒楼

还记得第一次聚餐时，同事热情地招呼我："走，到国 JI 大酒楼去。"哇，东凤人真豪气啊，竟邀我到这么高级的地方，难道国际大酒楼在东凤开了分店？带着困惑，我终于来到这家酒楼，原来是"国记"，而不是我以为的"国际"。这家就是被东凤人票选为最具人气的招牌老铺！

因为是老铺，这家酒店的装修看起来有些年头。一进门就是一座拿着大刀的关公雕像，很有 20 世纪初期的酒楼风格。而两层的建筑加上包间，一共可以宴开 180 席左右。国记十几年来一直坚持主打传统粤菜系，即使现在周边的酒楼越开越多，这里依然性价比极高，处处保留着旧街坊熟悉的味道。

1. 美味地道的风生水起

这是一道颜色鲜艳又口感丰富的"意头菜"（具有美好寓意的菜式），本地不少酒席都是以此作为开胃的头菜。将新鲜的北极贝切成薄片，芋头、生姜、洋葱和香菜等配料全部切丝，再把芋丝油炸、芝麻和花生炒香，然后加入些许清新的柠檬叶，再加上芥末。开吃时要用筷子一边捞起一边念：一捞亲朋满座，二捞财源广进，三捞四海亨通，四捞生意兴隆，五捞加官晋爵，六捞皆大欢喜，七捞幸福美满，八捞风生水起。非常有意思。

2. 鲜香可口的美极蛇碌

广东人吃蛇，喜欢做成椒盐蛇，这样做吃起来外焦里嫩，佐酒则更有滋味。"美极蛇碌"则迎合了现代年轻人的口味，吃起来更鲜香可口。将三斤左右的蛇洗净、切段、焯水，先加入小茴、桂皮、香叶、罗汉果等十几种药材调制好的酱汁，然后倒入蛇肉，用文火煲大约半小时，直至蛇肉呈金黄色就可以上碟了。蛇肉多汁又鲜嫩，一口下去，口齿留香，非常滋补，还不用担心上火。

3. 传统点心（咸甜）薄撑

刚开始的时候，其实我并不清楚"薄撑"是什么。后来才知道，"薄撑"就是把用糯米粉和粘米粉做好的面团放到锅心，然后用锅铲不断敲打，直至把面团撑开、撑薄，再包上或咸或甜的馅料，最后切片装碟。一般咸的馅料有炒香的头菜、虾米和猪肉粒，而甜的馅料则有炒香的花生、芝麻和桂花等，最后再撒上一层薄薄的白糖。薄撑外脆内软、馅料香口，是人们必点的点心之一。

地址：凤翔路（即东凤中学侧门斜对面）

鹅、鹅、鹅

1. 旺月特色烧鹅

烧鹅是粤菜中的传统名菜，旺月特色烧鹅则是旺月饭店的招牌名菜，选用优质的鹅种“乌鬃鹅”烧制而成。这种鹅肉厚骨小、丰腴鲜美，做出来的烧鹅皮脆肉嫩、醇厚多汁。

烧鹅汁很大程度上决定着烧鹅的味道，而这里的秘制烧鹅汁，从两边往中间淋。如果从中间开始淋的话皮就不脆了。在饭里淋上几勺烧鹅汁，就能美美地吃上一大碗。如果配上酸梅酱蘸着吃，更加开胃解腻。

地址：兴华东路与穗成路交汇处附近

○ 乌鬃鹅

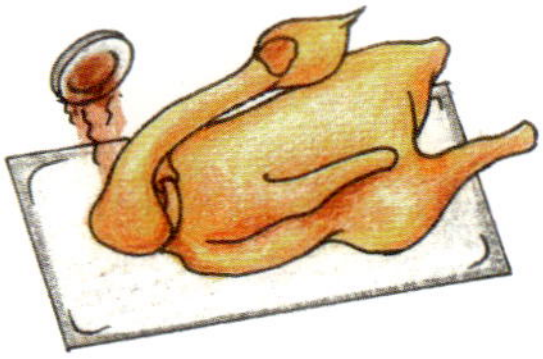

○ 旺月特色烧鹅

○ 香喷喷的烧鹅，配上酸甜的烧鹅汁和酸梅酱，好吃又不腻

2. 十三香焖鹅

十三香焖鹅远近驰名，大排档简陋却经常座无虚席。尤其在寒冷的冬天，三五好友围着热气腾腾、惹味十足的焖鹅大快朵颐，真是别有一番乐趣。

○ 常常座无虚席的大排档

当焖鹅五六分熟时装锅上桌再继续焖，锅里除了有斩件鹅肉，还配以鹅肠、鹅血等新鲜鹅杂。要想吃焖鹅而不上火，则要在鹅焖至八九分熟时，往锅里倒半瓶“洋人凉茶”——啤酒。当啤酒遇上鹅肉，连空气中都弥漫着幸福的肉香味，焖出来的鹅味道也更浓郁鲜香。吃完鹅肉，还可以加入山药、蘑菇、薄荷叶等。蔬菜吸收了浓郁鲜香的鹅汁，吃起来自然更香甜美味。

地址：四埒涌路 66 号

○ 待焖鹅五六分熟时上桌

○ 加入新鲜鹅杂继续焖

○ 八九分熟时倒入啤酒

○ 鹅肉吃完后加入蔬菜

3. 大自然火焰醉鹅

火焰醉鹅是在餐桌上现做现吃的，全透明的烹饪过程让食客体验感十足，尤其当大厨将浓香的米酒浇在七成熟的鹅肉上时，米酒逐渐浸润鹅肉后火焰猛地窜出，整个锅瞬间被火焰所笼罩，惹得食客大呼新奇。待到酒精全部挥发，再佐以姜、葱、蒜和少许药材煸炒，浓郁的肉香与酒香一起蒸腾而出，一道酒醇肉香的醉鹅就大功告成了。

因米酒而起的火焰烤熟鹅肉的同时，也顺势脱去了鹅肉的膻味与粗糙，吃起来鹅皮会更鲜脆，鹅肉也更鲜嫩。此外，用被高温灼过的鹅油与鹅汁涮菜，味道也是极好的。

地址：凤翔大道 53 号

○ 待鹅肉七分熟时倒入米酒

○ 火焰猛地窜出

○ 待酒精挥发后
加入葱、姜、蒜等煸炒

○ 出锅

二叔公与安仔麻辣

1. 二叔公

二叔公，是人名，也是店名，是当地最有名的宵夜店之一。这里的招牌菜是铁板和盐烤，无论是锡纸鲮鱼头，还是烤鱼杂菜煲，抑或是铁板青口等，直叫食客“食过返寻味”！

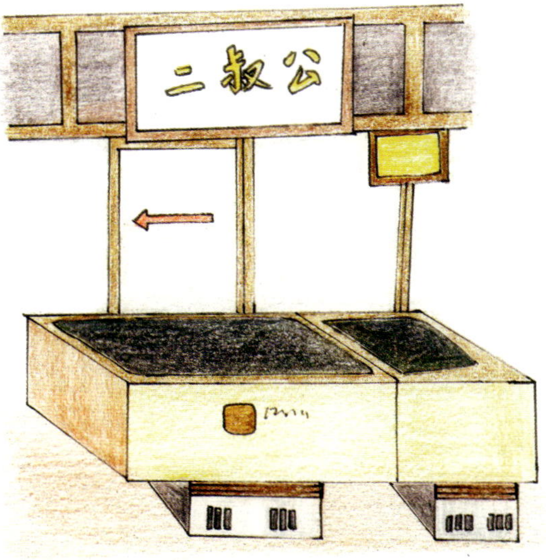

○ 东凤最有名的宵夜店之一

○ 将鱼头洗净，用锡纸包好

○ 放在火上烤

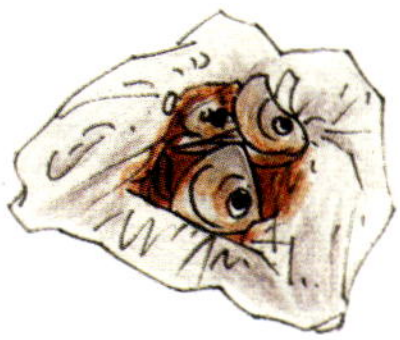

○ 完成

把鲮鱼头清理干净，用锡纸包好，放在火上烤。密封的锡纸把鲮鱼头的鲜香全部锁在其中。烤好后，轻轻划破锡纸，霎时香气四溢，叫人口水直流。

将鲜嫩多汁的青口架在铁板上烤，再撒上细腻的蒜泥，当青口全开，在铁板上吱吱作响时，就可以吃了。轻轻夹起一个往嘴里送，整个口腔被蒜香所萦绕，一人消灭掉整碟青口不在话下。

地址：穗成二路

2. 安仔麻辣

年轻人大多喜欢吃麻辣烫和烧烤，安仔麻辣就是不二之选。

这里让人赞不绝口的招牌菜是蜜汁烤全排。在提前腌好的一整块排骨上刷一层香甜蜜汁，然后烤至金黄，再撒上细碎香草叶。排骨上夹杂着些许肥肉，吃起来却香而不腻。蜜汁烤鸡翅也同样出名，香嫩可口，是佐酒的绝佳美食。

地址：穗成村，理工学校附近

养生保健食谱

1. 天后罗汉斋

一听到素食，相信不少人都会想到佛教人才会这么吃，素寡的斋菜并不能俘获肉食者的芳心。但如今越来越多注重饮食均衡的人们在平日里也会约上三五知己，到天后宫吃上一两顿健康又美味的素食，刮油去脂、调理肠胃。

天后罗汉斋，是传统素菜中的上品。所用食材并不名贵，主要由木耳、坚果、香菇、豆类以及各种常见的时令蔬果搭配而成。将不同食材洗净后，再经炒、煮、煨、炖等繁复步骤精心炮制。胡萝卜、木耳等先猛火炒脆，西芹、荷兰豆等焯水再煮，而腐竹、香菇等干货要提前泡发好，然后将不同食材放入锅里一同焯煮。盛盘前淋上适量的橄榄油，整道菜顿时色彩华丽、香味袭人。吃起来也特别爽滑软烂，深得老人和小孩喜欢,已成为素食者餐桌上必点的一道经典养生菜式。

地址：天后宫延寿堂

2. 养生园

养生园像一个大农场，老板自己养殖奶牛、饲养鸡鸭、种植蔬菜，所以这里的食材都是全天然无污染。

每天早晨，老板都会亲自挤出新鲜牛奶，用来做打火锅的汤底。在新鲜的牛奶里浸入自家养的走地鸡，就成了吃起来肉质特别香滑、让人念念不忘的牛奶鸡火锅了。

这里的药膳鸽子煲也特别受欢迎，每只鸽子都是老板按生长周期精挑细选的，虽然精瘦，但肉质异常紧实鲜美。不少食客在吃完鸽子肉后，还不忘喝上一碗浓郁滋补的鸽子汤，这才算真正圆满。

地址：理工学校旧门口前 100 米

十大特色小吃

小吃作为老百姓接触最多的民间美食，其丰富的种类可谓是“民以食为天”的重要体现，不少人也因喜欢当地的特色小吃而爱上了这座本来陌生的城市。所以，如何去认识一座城呢？那就从吃当地特色小吃开始吧。东凤知名度高、口碑好的十大特色小吃有哪些？最新榜单如下：

香煎鱼仔（银城美食馆）：外表香脆，内里嫩滑，送粥、下酒都不错，当零食也相当给力。

花生酥（伯乐居酒楼）：外观活像一颗“大花生”，看上去生动有趣，吃起来也香脆可口。

美味烤鱼（金庄园烧烤餐厅）：采用“先烤后炖”的独特做法，鲜香辣俱全，是烤鱼界的新变革。

鲜虫草花伴海蜇（辉煌美食城）：色彩丰富，营养价值高，入口鲜爽嫩脆，是夏日必点凉菜之一。

小镇鸭脖（甜点小镇）：色泽深红的鸭脖香、辣、甘、麻、咸、酥、绵俱全，是一道佐酒佳肴。

盐烧鲫鱼（二叔公）：烤箱炮制，户外风味足，盐烧做法更让鲫鱼香脆可口的特点发挥得淋漓尽致。

绵绵冰（林小媛东风店）：比冰淇淋还软，比雪糕还绵，入口即化，是盛夏最好的安慰。

沙姜鸡脚（滋芯友）：细碎的沙姜与调味料有机融合，使鸡脚既咸香爽脆，又口感层次丰富。

蒸上美小笼包（刘记包子店）：夹起不破皮，翻身不漏底，一吮满口卤，味鲜不油腻。

手抓饼（茶前饼后）：新鲜出炉的手抓饼，千层百叠，层如薄纸，面筋的香味扑鼻而来。

情牵十姊妹

情牵十姊妹

当年相恋意中人，大家性情近，
早种爱根极亲密，心心相印互信任。
月底花间相偎依，共喜有缘分。
恩爱百般愿比翼，痴心一缕共订盟……

伴随着《旧梦如欢》明朗的节奏，东凤十姊妹轻快地跳起了她们在千禧年（2000 年）初识时一起学会的“三十二步”。在欢声笑语中，时光仿佛回到当年的全市广场操大赛。那场比赛让这十个来自不同家庭、有着不同姓氏的姊妹走到了一起，并在随后的十几年里结下深厚情谊。

○ 东凤十姊妹轻快地跳起了她们初识时一起学会的“三十二步”

○ 东凤十姊妹全家福

在东凤，互助互爱、团结一心的“十姊妹”一直被众人传为佳话。她们之间也一直以姐妹相称。按年龄大小排序，分别是大姐谭国英、二姐何乔妹、三姐林带好、四姐欧群娣、五姐刘建咏、六姐郭玲欢、七姐卢翠霞、八姐冯美好、九姐马玲娟和十妹蓝海珊。其中大姐谭国英今年已 65 岁了，而最小的十妹蓝海珊今年却不到 40 岁。十姊妹的年龄相差非常大，而她们的出身、职业也各不相同。

大姐谭国英是吉昌人，喜欢唱歌跳舞，“文化大革命”以前从事文艺表演工作。革命样板戏时期，她一直是李铁梅、阿庆嫂等经典人物的专职扮演者。改革开放后大姐成了一名老师，后来还成为东凤第一所公办幼儿园的第一任园长。

○ 同一个村子里从小玩到大的姊妹

来自东莞的二姐何乔妹、三姐林带好、四姐欧群娣和五姐刘建咏四人，则在同一个村子里从小玩到大，可以说是当年东莞宣传队里的“四小花旦”。何乔妹演唱的 20 世纪 60 年代流行曲目《小粤剧补锅》，更是唱遍了东凤及周边地区，深受人们喜爱。直至后来宣传队解散，四姊妹也先后嫁人，何乔妹做了家庭主妇，欧群娣和刘建咏成为商人，林带好则继续在镇公社宣传队工作。但不管身份、地位如何改变，她们依旧一有时间就聚在一起扭秧歌、唱渔歌。1996 年，东凤曲艺团成立，她们又有了新的活动阵地，于是重新召集其他姊妹一起登台演出，共叙姐妹情。如今在各大文艺表演晚会的现场，还能捕捉到她们或着水乡戏服，或穿华丽旗袍的身影。

○ 姊妹们一起登台演出

最小的十妹蓝海珊是从外地到东凤工作的新东凤人，由于语言不通加上年龄相差很大，她与九位姐姐刚开始接触时确实存在代沟。但姐姐们的心态非常年轻，对新鲜事物从不抗拒，于是作为“技术”担当的十妹成功教会了姐姐们使用智能手机，拍照、抢红包甚至制作音乐相册等都不在话下。姐姐们对最小的妹妹也十分上心，甚至在婚姻大事等方面都像家人般为她出谋划策。这让十妹很感动。

十位姊妹的生日都不在同一个月，一年下来她们每月至少相聚一次，除了切磋大家都喜爱的唱歌、跳舞、表演技艺，心灵手巧的姊妹们还烹饪一道东凤当地的传统美食——鸡酒。

鸡酒，顾名思义，以鲜滑的鸡肉配以香气浓烈的白酒煮成。由于流传年代久远，我们已无从追溯鸡酒的起源。据说，过去妇女社会地位较低，劳动强度很大，生活艰苦，没有什么可补身体，于是聪慧的东凤妇女就积攒杀鸡后的鸡内脏来煮酒。这一习惯逐渐演变成要好的妇女姐妹们聚在一起煮鸡酒喝的风俗。

煮鸡酒的好手，莫过于三姐带好姨。她告诉我，想要煮一碗好喝的鸡酒，除了准备好鸡肉、鸡肠、肚内蛋、姜丝、红枣、云耳、花生、红糖和白酒等必备食材，关键是要爆炒鸡肠。将炒锅烧红，倒入鸡肠，爆至出油，待色泽金黄时倒入白酒。切记不能加水，这样爆出来的鸡肠不仅爽脆，而且不腥腻。然后把备好的食材全部倒入锅中，并依个人口味放入红糖，大火煮沸后继续煮五分钟，再撒上炒香的花生米，就大功告成了。

○ “一二三，茄子！”

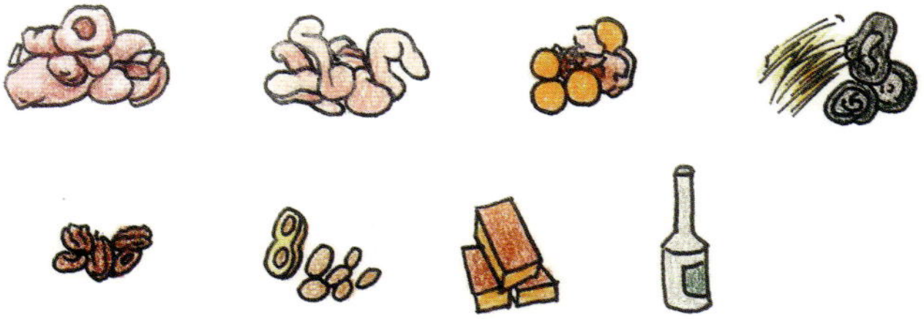

○ 将鸡肠爆炒出油，待色泽金黄时倒入白酒

○ 将备好的食材全部倒入锅里

○ 大火煮沸五分钟，撒上花生米便可出锅

一斤鸡肉和一斤鸡肠，配两斤左右白酒。鸡酒是用高度白酒不加水煮出来的，香味醉人，喝后全身毛孔张开，挥发体内的湿气，尤其对产后妇女有很好的祛风保健作用。但鸡酒入口凛冽，年轻人大多不能接受，如今只剩部分上了年纪的东凤妇女还留存着这种风俗。

除了鸡酒，十姊妹聚会时，还会带上地道的拿手小吃，一起举办一场丰盛的“大食会”。

诱人可口酿辣椒

酿辣椒是大姐谭国英的拿手绝活。她用来酿辣椒的不是猪肉而是鲮鱼肉。买来最新鲜的鲮鱼，洗净起肉，然后切片剁碎，再放盐、糖、葱和生粉腌制，接着顺着同一方向大力搅拌、摔打，大约十分钟开始起胶。然后将青椒竖着对半切开，用筷子把鲮鱼肉酿入洗净后的青椒里。起油锅，用温火煎鲮鱼肉的那面，一分钟后沥油。这样煎出来的酿辣椒鱼肉爽口弹牙，辣椒香脆可口。如果怕上火，还可以放入葱、蒜头、砂糖、生抽、蚝油、麻油和烧酒，用小火慢焗后爆炒，同样入味好吃。

○ 酿辣椒步骤

香滑弹牙“九层糕”

九层糕也称马蹄糕，因为通常有九层，故得此名。取 1 斤马蹄和 1.5 斤马蹄粉，用 2.5 升凉水兑开。

将马蹄去皮拍碎，加入 1.5 斤黄糖，熬成糖浆。椰奶浆则用一瓶椰汁加半斤奶，搅拌均匀后调制而成。往锅里加入足量的水烧开，蒸盘刷上一层油后上锅，每隔三分钟左右依次倒入一层浆汁，直至第九层，蒸好静置到凉透后切块。这样做出来的九层糕香滑弹牙，浓郁的椰奶香中还夹杂着颗粒分明的清爽马蹄，是夏季的消暑佳品。

○ 马蹄糕制作步骤

酸辣爽脆拍黄瓜

吃过那么多拍黄瓜，乔妹姨做的最让我垂涎三尺。五斤黄瓜洗净拍扁，用手掰成随意的大小，加盐搅拌。腌制一小时后，用清水冲洗干净，沥干水后放入冰箱冷冻。一小时后拿出来把水沥干，这样处理的黄瓜才更爽口清脆。然后加入半斤冰糖和半斤苹果醋（苹果醋比白醋更香、更清甜），煮开放凉，再加入蒜蓉、辣椒调味，最后撒上香酥的花生。吃完黄瓜后，剩下的花生被苹果醋泡软，吃起来味道更佳，非常受欢迎。

○ 拍黄瓜步骤

番薯饼就黑芝麻糊

番薯饼做法：把煮熟的番薯碾碎，混入糯米粉和黄糖搓成面团。往热锅里倒入足量的油，将面团捏成小块，放入锅内。三分钟后面团慢慢浮起，此时捞起沥油。

黑芝麻糊做法：用古老的沙盆与“擂锤”磨碎黑芝麻，倒入锅里，加入黄糖，水和黄糖配比为 3 ∶ 1，煮开后放入磨碎的花生米。这样香稠可口的黑芝麻糊就煮好了。通常一斤黑芝麻能做出十人份的黑芝麻糊。

云淡风轻的午后，约上姊妹们，在自家院子里吃上一口松软香脆的番薯饼，配上香浓的黑芝麻糊，就是一段惬意的下午茶时光。

○ 幸福又惬意的下午茶时光

除了这些地道小吃，逢年过节，十姊妹还亲手制作各类独具东凤本土风味的应节食品。

一、黑糯米粽

黑糯米有补血养气功效，长期食用可强身健体，和有黏性的白糯米一起裹蒸，吃起来香糯而不腻，还有淡淡的蕉叶清香。

原料：

黑糯米、白糯米、猪肉、蛋黄、蕉叶、棉绳

制作方法：

1. 将黑糯米与白糯米混合洗净，浸泡四个小时（黑糯米黏性不足，需加入适量白糯米以增加黏性）。

2. 把蕉叶放入水里，煮沸。洗净。包入糯米、猪肉、蛋黄，用勺子压平。将上部多余的蕉叶翻下盖住原料并压紧。

3. 将棉绳一端捏在左手中固定，另外一端在粽子上绕几圈，扎紧。剪掉多余的蕉叶和棉绳。

4. 把裹好的粽子放入烧开的水中，水面没过粽子，煮两个小时左右，然后关火继续焖一个小时左右，直至糯米绵糯。

二、韧皮煎堆

韧皮煎堆与空心煎堆的最大区别在于前者是用爆米花黏制而成，且加入白酒，既提味又防腐，是酥脆香甜的必备年货。

原料：

爆米花、糯米粉、砂糖、姜、油、白酒、椰蓉、芝麻

制作方法：

1. 一斤爆米花掺入半斤砂糖、一两姜、一两白酒，椰蓉等根据个人口味适当加入。

2. 往糯米粉里加入水、油、糖等拌匀，做成糯米皮待用。

3. 把混合好的原料捏成一团，用糯米皮包好，并滚上芝麻。

4. 烧热油锅，放入煎堆边炸边来回滚动，直至外层糯米皮受热膨胀，呈金黄色、约碗口大小时捞起沥油。

三、油角

油角馅料丰富，口感酥松，作为广东最具特色的传统贺年小吃，用粤语说是“有角”，寓意“今年吃油角、来年露头角”。

原料：

糯米粉、鸡蛋、油、花生、椰蓉、砂糖、芝麻

制作方法：

1. 花生碾碎炒香，加入椰蓉、砂糖、芝麻和油拌匀待用。
2. 糯米粉加水揉成团，蒸熟，然后等分、擀薄，用小圆杯扣出圆形的角仔皮。
3. 用角仔皮包上馅料，两边对折粘合，用指甲沿边一路轻轻地捏成麻绳状锁边（一定要锁好，不然油炸时会开口）。
4. 加热油锅，直到筷子放下去会起泡时，倒入油角，用中火边炸边翻动，油炸至金黄酥脆就捞起沥油。

经过十几年的风雨相伴，如今“十姊妹”中有的儿孙满堂，有的还处于事业攻坚期。十几年来最让她们难忘的是什么呢？十姊妹们相视一笑，向我道来：“其实这十几年来，也没发生什么轰轰烈烈的事情。但随着年龄越大，彼此间感情越深，聚在一起也越无拘无束了，就像亲人一样，所以无论谁家红白喜事，十姊妹都会当成自家的事一样全员到场支持，谁都不能缺了谁。”

这不禁让我想起一句话：姐妹情是世上最温柔的力量，温暖却有力。不管世事如何变幻，不变的依然是姊妹情深。

一个地标一座城

一个地标一座城

张爱玲曾说，因为一个人，爱上一座城，而我却要说：因为一个地标，我记住了这座城——东凤。

每座城都有一个地标。东凤就有这么一个规模最大、规格最高、配套最全、功能最齐、绿化最美的综合文体场馆。而这个地标，亦是我在这座城最熟悉不过的建筑了。

○ 东凤综合文体场馆布局图

每天清晨，天色刚微微泛白，文体广场就已人头攒动，大伙晨练的内容也是丰富多彩，有跳舞、打球、耍太极等组队运动的，也有慢跑、散步、溜旱冰等个人自由锻炼的。你能想象到的运动项目，在这里基本都可以见到。

而随着近年来全民健身浪潮的高涨，越来越多不同年龄层的人也加入到文体广场的健身大军中来。我每天起床后，到阳台上打理花草，就看到小区里不少古稀老人带着牙牙学语的娃娃，风雨无阻地坚持到文体广场上锻炼，仿佛健身已成为他们生活中不可或缺的一部分。

○ 每天早晨，文体广场上满是晨练的人群

综合文体场馆由文体广场和文体艺术中心组成，坐落在凤翔大道126号，镇外的朋友乘坐K12快车在东凤镇政府站下车即可到达。文体广场是东凤镇2009年的民生工程之一，占地近8.25万平方米，总投资3000多万元（不含地价）。整个广场以中心国旗处为中轴线一分为二。从公交站出发沿着两道高大葱翠的罗汉松往前走，左边有一个旱冰场和一个儿童乐园。平日里，附近小区的老人领着孩子到这晒晒太阳，和邻居聊聊家常，共享儿孙绕膝的天伦之乐。右边有5个羽毛球场、12张乒乓球台和1个健身器械场地，男女老少都喜欢在这里健身、锻炼，尤其是晚上。继续往前走，穿过文体艺术中心，广场的后面还有6个标准塑胶篮球场，附近学校的学生放学后常约到这里切磋球技，好不热闹。整个广场被两条红色跑道环绕，我有时也会在下班后沿着跑道逆时针快走，以达到锻炼的目的。

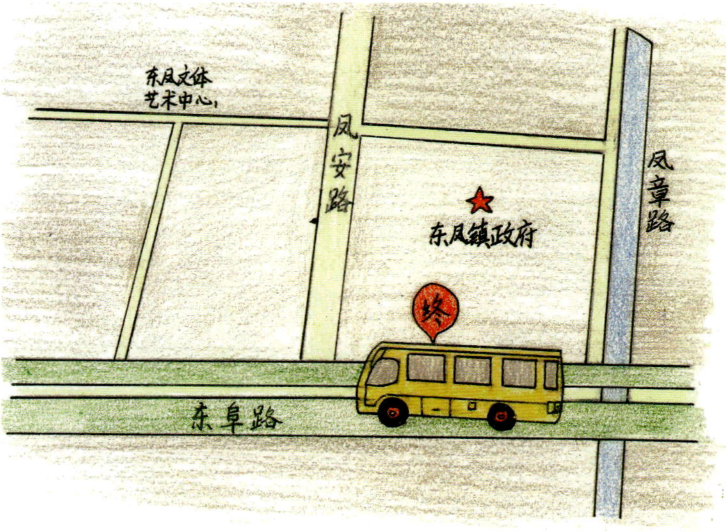

○ 路线图

○ 学生们放学后常相约到文体中心后的球场切磋球技

○ 沿着跑道快步走，不时有人跑步经过

华灯初上，文体广场陆续会有五支或以上的广场舞团队进驻，每支队伍音乐风格各异，舞蹈形式也丰富多彩。整个广场仿佛瞬间化身为舞蹈的海洋。说起广场舞，就不得不提起这么一个人，每天晚上 8 点，她准时在中心舞台守候，带领几百号广场舞姐妹翩翩起舞，场面异常壮观。她就是东凤健身队队长罗德荣。

说起罗德荣，大家可能会感到陌生，但说起她的名号——三姐，相信在东凤就无人不识了。三姐是一名退休的人民教师，今年已六十多岁了，但仍神采奕奕，精神矍铄。听健身队的队员们说过，东凤镇健身队是罗德荣在 2007 年发起成立的，目前人数已接近 300 人。10 年来她一直坚持开展免费培训活动，不管队员有没有舞蹈功底，只要是热爱跳舞的，大家一起跳得开心、健康，她都愿意教。有几次恰巧从她们舞队经过的时候，我就发现在队伍中穿插了几个舞蹈动作并不娴熟的队员，应该是刚刚学习舞蹈的新手。三姐在舞台指导队员列队站好后，会特地走到她们跟前，一个动作一个节拍地慢慢给她们分解。有一些年龄稍大的队员跟不上，她还会耐心再示范一遍，把动作要领重新剖析、讲解一遍。

○ 三姐在指导队员练习

○ 趣味运动会

初来乍到的时候，我也曾加入到三姐的舞蹈队伍。三姐按照她退休前在学校教授的动作，再参考电视里播的表演节目自编自导，很接地气且经常创新，常常一两个星期就会更换新的舞蹈动作，学起来并不枯燥，反而常有越跳越欢快的感觉。站我旁边的舞友是来自广西的李阿姨，她在东凤生活近三年了，平时在家里做家务和带小孩，最近一年才加入健身队。在练舞间隙闲聊时，她就曾多次对三姐竖起大拇指。她说："三姐年龄这么大了，还每天不辞劳累地带我们跳广场舞。自从跳了广场舞，我晚上不再像以前那样看电视或打麻将，十几年来患的肩周劳损也得到了有效缓解，整个人精神了很多。而且通过跳舞，我还认识了许多同龄的新朋友，更快融入当地生活，现在还会说上几句简单的粤语呢。"对呀，李阿姨对我说的也正是我切身体会到的好处。看来，广场舞对构建和谐社会确实有着不可忽视的作用呢。

当然，这里除了是全民健身的好去处，也是全镇文体活动的集中地。每年在这里举行的大型文体活动数不胜数，如广场舞展演、趣味运动会、"我们的节日"系列文艺晚会等，都在这里精彩上演。而占地一万多平方米，总投资约 1.8 亿元（不含地价）的文体艺术中心内，不仅有体育馆、展览厅、影剧院和图书馆，还设有青少年活动中心、文体艺术培训中心和宣传文体服务中心等，俨然成为东凤文化的"新地标"。

文体艺术中心是在文体广场动工后的第二年，即 2010 年才正式动工的，直至 2012 年才正式落成并投入使用。整个中心共五层，并不高，但非常大气。墙面由高级灰和活力橙两个跳跃的色系相嵌而成，远远望去很醒目，与旁边威严庄重的政府大楼形成鲜明对比。从中心舞台拾级而上可以走进中心，右侧是一个展线达两百多米的展览厅，平日里经常展出省、市级的书画、摄影作品。另一侧是面积 3000 多平方米的体育馆，拥有近 2000 个观众席。这个体育馆可能在全市里并不算大，但承办过许多大型体育赛事，如中国乒乓球俱乐部超级联赛、中国男子篮球对抗赛、广东省国际标准舞锦标赛等。东凤人在家门口就可以欣赏到高水平的体育盛事，还可以亲眼看到自己的偶像在赛场上驰骋的英姿。我就曾在这里与世界冠军丁宁、刘诗雯、王晓霞等合影留念。现在拿起照片，当时那种激动的心情依然历历在目，很是满足。除了观看大型赛事，周末我也会约上三五球友到这里打羽毛球，场馆环境很不错，且免费对外开放。

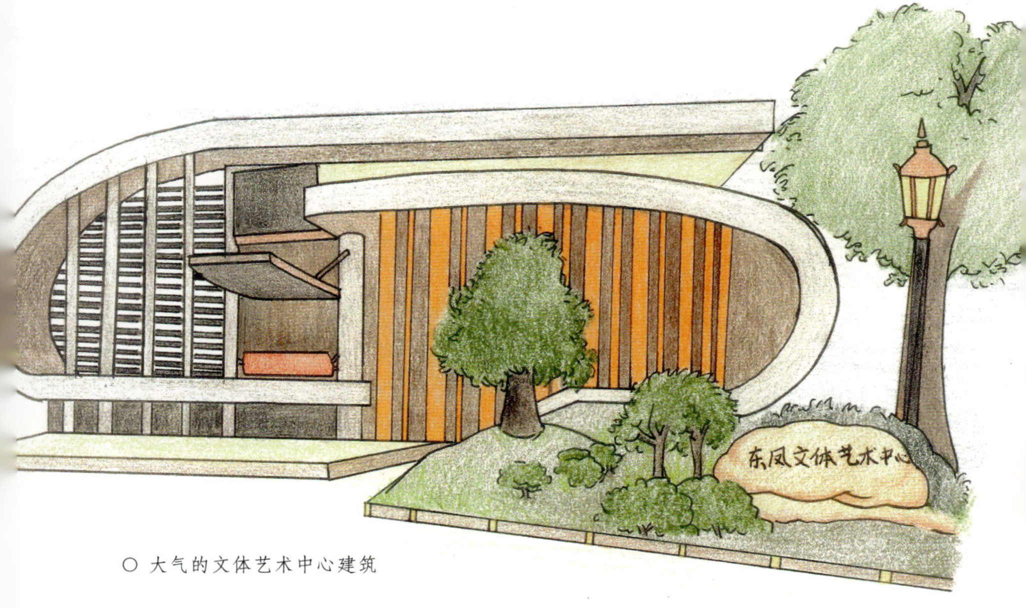

○ 大气的文体艺术中心建筑

○ 我与乒乓球世界冠军丁宁（左）的合照

沿着中间楼梯继续往上走就是图书馆。建筑面积1500多平方米，有电子阅览室和图书阅览室两大部分。图书阅览室里分了两个区域，右边是特意为儿童开辟出来的读物阅览区，左边才是大人待的地方。这里馆藏图书约七万册，因为所有文献均免费开放，而且免证进馆，所以非常方便。值得一提的是，东凤图书馆是中山市图书馆为数不多的分馆之一，所以在这里还可以享受到和市内其他各分馆通存通放的服务，是广大阅读爱好者畅游书海的理想场所。

○ 东凤图书馆的图书阅览室

○ 培训中心里到处都是小朋友们的欢声笑语

整栋建筑最有趣的地方，要数北面靠近篮球场的观光电梯。电梯是半弧形的，在电梯上升的过程中可以把整个文体中心的内部建筑结构一览无遗。许多第一次乘坐电梯的小朋友会感到很新奇，有的也会感到很害怕，而有的坐过后直呼过瘾。我经常在上班路上遇到特地跟随家长过来体验观光电梯的小朋友。

各类体艺培训功能室场也是小朋友们经常签到的场所之一。每到寒暑假期，一系列免费公益培训活动就会在文体中心三四楼各功能室场内举行。这里有美术、书法、音乐、舞蹈、外语、武术、早教等十几个艺体培训室，到处都能听到小朋友们的欢声笑语。

○ 节目录制中

乘坐观光电梯一直到顶楼，就是宣传文体服务中心工作人员的办公场所了，也是我上班的地方。这一层是电视台和文化站，保安 24 小时看守，需要门禁卡才能入内。普通游客则到此止步。东凤每天的新闻节目，都在这里录制完成，许多大型的比赛、晚会也都是在这里构思、筹备而成。

一到节假日，文体艺术中心亮起彩灯，五彩缤纷，璀璨夺目，增添了不少节日气氛，不少摄影爱好者也会带上“长枪短炮”，到附近高楼楼顶进行拍摄。文体中心东侧大门处锣鼓喧天，人声鼎沸，犹如赶集一样热闹。凑近一看，两个蓝色的高低桩被附近群众围得水泄不通，一个老人正站在中间，一板一眼地教导十多个强壮的青年舞狮者。队员们各司其职，起鼓、敲锣、打钹、采青，一丝不苟，矫健的身姿不时赢得大家的热烈掌声，有的群众还在一旁模仿。他们舞的是南狮，属地道广东民间舞，一直被认为是驱邪避害的瑞物。南狮需要依靠舞狮者的动作来表现其威猛，非常考究舞狮者的马步桩功，往往需要练就一身“舞狮”好根基才允许上桩。

○ 东凤镇工人醒狮团在训练

○ 李校长（右）主持公益慈善活动

原来是东凤镇工人醒狮团在进行日常训练，带队的正是其总领队李焯光。李焯光是一名退休老校长，当地人都尊称他为“李校长”，今年已七十多岁了，但他一直坚持发挥余热，积极参加各种公益慈善活动。他和镇志编写组同事们历经 13 年修编东凤历史上第一部全面反映当地风土人情、系统记载其发展历程的社会主义新方志——《东凤镇志》。我曾在东凤图书馆见过这本地方志，浅蓝色的封面，分 8 篇，共 521 页，约 76 万字，采用编、章、节的形式，附以图表。记录时间始于 1542 年，下至 2005 年，重点记载了东凤改革开放以来的历史，客观记述了自明朝嘉靖以来东凤的自然环境、建置沿革、社会变迁、经济发展、科学文化、教育卫生、风土人情和历史人物等。电视台采访《东凤镇志》修编工作时曾问李校长，这么辛苦为什么还要坚持做这件事情？他很坚定地回答："因为希望年轻一辈只要翻开这本书，就可以知道老一辈是怎么生活的。如果不了解过去生活的艰苦，就不知道现在社会的进步，也就不懂得感恩。"

李校长在人群中不停来回指导，认真吆喝口号、鼓舞士气。他本可以像其他人一样退休后含饴弄孙，乐得清闲，却选择了忙碌。不管条件多么艰苦，都坚持尽自己的一份力量，把老祖宗留下来的优秀文化传承给下一辈，让这座城的精髓得以代代相传。

如今在这里，白天看绿化，晚上看亮化，何须再去远方？一座城一个地标，一个地标一座城。